ぼけと利他

伊藤亜紗・村瀬孝生

ぼけと利他

はじめに

「卵焼きでよろこばせてあげたい」
「駅まで迎えにいくよ」
「仕事の残り、代わりにやっておきました」

私たちの生活の中には、さまざまな「誰かのため」を思ってする行為があります。その相手は、家族であったり、友だちであったり、職場の同僚であったりするでしょう。

しかし、他者とはきまぐれなもの。ありがとうと口では言いながらどこか迷惑そうだったり、実は相手にも計画があったり、善意がかえって疑心暗鬼《ぎしんあんき》を招いたり……。

してあげた側からすれば、「せっかくしてあげたのに」と怒りたい気持ちにもなるでしょう。

でも、自己犠牲が相手の利を保証するとはかぎりません。そもそも「相手のため」というこちらの意図が、一方的な思い込みである場合もしばしばです。

かと思えば、ねらってやったわけではないことが、結果的に相手のためになることもあります。失敗した料理のほうがかえって思い出に残ったり、うまくいかなかったプレゼンが相手の心をつかんだり、迷惑をかけたときのほうが喜ばれたり……。「誰かのため」は、一筋縄《ひとすじなわ》ではいきません。

自分のしたことが本当の意味で相手のためになる、というのは、おそらく私たちが思うよりもずっと不思議で、想定外に満ちた出来事なのでしょう。ほとんど、奇跡だと言ってもいい。そして、だからこそ、そこには「自分とは違う考え方や感じ方をする他者」との濃密な出会いがあります。

本書のタイトルにある「利他」とは、この不思議に満ちた「自分のしたことが相手のためになる」という出来事を指し示す言葉です。

利他はどんなときに起こり、その背後にはどんな仕組みがあり、歴史的にはどんな背景が潜《ひそ》んでいるのか。私は二〇二〇年二月に、大学の数名の仲間とともに、利他について考える研究プロジェクトを立ち上げました。現代においては、「誰かのため」ということがあまりに単純化して考えられすぎて、そのせいでうまくいっていないことがたくさんあるのではないか、という思いがあったからです。

利他について研究するにあたって、私がまっさきに協力を請《こ》うたのが、福岡にある「宅老所よりあい」代表の村瀬孝生さんでした。日頃から、お年寄りたちの介護や亡くなってゆく方の看取りに関わっていらっしゃる方です。

まず「ぼけ」は、利他を考えるうえでの重要なヒントを与えてくれるのではないか、と思いました。

なぜなら、ぼけのあるお年寄りとのやりとりには、ズレがつきまとうからです。ぼけのあるお年寄りは、そうでない人とは異なる時間感覚、空間感覚の中に生きています。それゆえ、関わろうとすると、自分の言葉や行為がトリガーとなってお年寄りの中で思わぬ連想が広がったり、そもそも会話をしているという前提が共有されず、一緒に歌を歌うことになったりします。ぼけのない人が相手だとついつい「わかったつもり」になってしまう場面でも、ぼけのあるお年寄りが相手だと「わかったつもり」にすらたどり着けない場面が増えることになる。

そこに生まれる葛藤《かっとう》や手探りに、むしろ利他を考えるヒントがあるのではないか、と思いました。そして、ぼけについて教えてもらうのであれば、先生は村瀬孝生さん以外にはいない、と思いました。

村瀬さんとは、一度だけお会いしたことがあります。東京で開催されたトークイベントに一緒に登壇したのですが、一般には問題行動として扱われてしまうような出来事にむしろ関わりのきっかけを見つけ、思い通りにならない数々の想定外を「老人性アメイジング」と呼んで楽しそうに語る、村瀬さんの姿が忘れられませんでした。

コロナ禍まっただなかの二〇二〇年七月、私はミシマ社の星野友里さんにお願いして、村瀬さんとオンライン対談イベントを開いていただくことにしました。イベントは大変充実した楽しい会だったのですが、まだまだ話し足りないような気がして、終了後もなんだか名残惜《なごり》しさがありました。

そこで、ミシマ社のウェブマガジンの場を借り、往復書簡という形で、対談の続きをさせていただくことになりました。半月に一度のペースで、一方から他方へと送られる、日記とも相談とも告白ともつかない文章。本書は、その後約一年半にわたって交わされた手紙に加筆修正をほどこして、一冊の本にまとめたものです。次第に密度を増し、最後には純粋な私信のようになっていくやりとりを、お楽しみいただければ幸いです。

最後に、「ぼけ」という言葉について。一般には「認知症」と呼ばれることが多い現象ですが、加齢とともに現れる自然な変化であるかぎり、病気ではない、と村瀬さんは言います。それを「認知症」と呼んで病気扱いするのは、生まれてきた赤ちゃんに「歩けないならリハビリしましょう」と言うくらい変なことだ、と。そこで本書では、「病気ではない、正常なこと」というニュアンスを込めて、「認知症」ではなく「ぼけ」という言葉を使っています。

利他を生む行為も、自分の利益が最大化するように賢く計画的に振る舞う態度とは真逆だ、という意味では、本質的にどこかとぼけたものなのかもしれません。ぼけを通じて利他を、利他を通じてぼけを、考える。村瀬さん、星野さん、このような機会をつくってくださり、本当にありがとうございます。すでに冥土《めいど》の土産のような気分です。

伊藤亜紗

もくじ

第一章　どうしたら一緒にいることができるのか？

二〇二〇年秋

第二章

二〇二〇〜二〇二一年冬

人と言葉をケアする居場所としての「しゃべり」

第三章

二〇二一年春

共感でも反感でもない、ぼ〜っとする

第四章

変化は「躊躇いと待ちの溜まり場」で起こる

二〇二一年夏

第五章

深まるぼけがもたらす解放と利他

二〇二一年秋

第一章

どうしたら一緒にいることができるのか?

二〇二〇年秋

1通目

村瀬からのお手紙
←
2020.09.03

答えを手放す

→ 伊藤さんへ

「利他」の問題を考えるときに、お年寄りとかかわることは究極な感じがしています。自分が働きかけてもフィードバックがいまいちわからなかったり、違う形で返ってきたり、本当にこれで良かったのかと確証が持てないまま時間が過ぎていくことがよくあると思います。その事実に付き合っていくことは、どんな感じですか？

（この往復書簡のきっかけとなった、二〇二〇年七月十八日に開催されたオンライン対談での、伊藤さんの問いかけ）[※1]

対談では「自分が働きかけてもフィードバックがわからない、本当にこれで良かったか」という問いに、「体を媒介に意思を確認してきた」（生理的快適への配慮）という話をしました。その意思とは、考える「私」の意思とは違うものです。脳を含む体の欲するところと言えば良いのでしょうか。

介護者は「本当に良かったのかという確証」がなくても、行為せざるをえない（特に生理的なことは）ので、何とかして「これで良いのではないか」というレベルに自らをもっていかないと行為できないんですよね。その根拠を体に求めました。

気持ちの良いときは、やっぱり気持ちの良い顔になる。気持ちの悪いときは、気持ちの悪い顔に、痛いときは痛い顔。そういう意味では、顔は口や目よりものを言います。言葉に依《よ》れない以上、そこに依るよりなくて、体を通してつながれる（つながる努力をする）という話をしたのだと思います。

けれども「本当にこれで良かったのかと確証が持てないまま時間が過ぎていくことがよくあると思います。その事実に付き合っていくことは、どんな感じですか？」に触れなかったなぁと思いました。やはり、その、もやもやとした感じを言葉にしておきたい。じゃないと、もやもやするので（笑）。

前置きが長くなりました。

荒《あら》ぶるぼけのある人は、一般的に介護しにくいと思われています。昔は問題行動のある人と言われて忌《い》み嫌われていました。今も、です。確かに介護する側の都合がことごとく通用しない、歩み寄らない（当事者からすれば、歩み寄りたくても、寄れないのですが）。よって共存が難しいと感じられてしまいます。

けれど、見方を変えると介護しやすいのです。介護する私や家庭、社会の「都合」に対する抗《あらが》いが、当事者の意思として浮き上がるからです。「今、その時間じゃない。ここじゃない」。「それは、私の時間じゃない。私の場所じゃない」と。その理由はわかりかねても、「抗い」という行動が意思であると思える。

荒ぶるぼけには、介護する者が身を委《ゆだ》ねることができます。「委ねる」とは具体的にいうと、介護者が荒ぶりに対して、ちゃんと恐れ慄《おのの》いて引き下がることかなと思います。委ねてしまえば、問題が問題じゃなくなるし、相手を尊重したことになる、と思える。そうすれば、改めて「今ならいいですか、ここでいいですか」と問い直せます。そのタイミングを一緒に見つける努力ができます。それは関係の始まりでもあります。

一方で、荒ぶりのないぼけの人（老いの深まった人）は介護が難しい。言葉も発しない全介助。自分から歩かないけど、手を引けば歩く。歩けなくても車いすに乗れば、どこにでも連れて行ける。食べようとしないけど、口元に食事を運べば、だいたい食べる。排泄は介助したから出るというわけではありませんが、濡れたパッドは替えさせてくれる。強い抵抗もない人がいます。介護者の思い通りになってしまいます。

NOはないけど、OKもない。もし介護者が食事の手伝いをしなければ死んでしまうでしょう。それでも、恨《うら》まないだろうなぁと思います。たとえ献身的に食べる手伝いをしたとしても感謝はないでしょう。そんな「自意識的な要求の無さ」「生きるも死ぬもあなた次第」という他人事《ひとごと》のような無私的態度に途方に暮れます。伊藤さんの言う「これで良かったか確証の持てない」状況です。

本当は介護する僕たちが「わかっていない」のですが、その状況に耐えきれずいつのまにか介護されるお年寄りを「わからない人」にすり替えてしまうのです。そうなると介護が作業になり、人が物になっていく。やっぱり、人を物のように扱うわけにはいかないよなぁと葛藤する。

よって、自分を問い続けます。「今、この人とどう過ごすのか」「どう過ごしたらいいのか」「どう過ごしたいのか」。悩むことになります。この無防備な付託《ふたく》に対して。

自分が問われるというのは、あまり気持ちが良いものではありません。やっぱり、良い面より嫌な面が際立つのです。自分の嫌な面を知れば知るほど、独りよがりになれなくなる。何とか「これでいいですよねぇ」と、手応えが欲しい。よってその模索に勤《いそ》しみ続けることになります。

モヤモヤし続ける。いつも、現在進行形で過去にならない感じです。それが、付き合っていくときの感じでしょうか。介護者も答えを手放して付き合い続けるより他ないのですが、面白いのは、「答えを手放す」と楽になってくるのです。解放感が出てくる。

それでも「わからない」「モヤモヤ」「葛藤」「これでいいよね」と問い続ける感情のループは、不安定であり続けることなのですが、それを手放さないことが大切なのかなぁと感じます。不安定であり続けることで、安定が孕《はら》まれるように感じます。

二年ほど働いて、介護する意味を見失った新人職員がいます。「老い」が不在の文化を育んだ社会に、「老い」の反映された制度が生まれるはずもありません。そのあおりもあって介護することに疲れきった彼女は、ぼけや全介助のお年寄りを「ただ食べて出すだけの存在」として負担に感じるようになりました。

生きる意味、存在する価値を見出せない。そんな自分も嫌になってしまった。頭で思考し行動することが「人」であるという人間観だと、そんなお年寄りたちが食べて出すだけの存在に思えてしまい、意思を感じることは難しくなる。本当は彼女の問題に収まらない社会の問題でもあるのですが……。

(分解という生命全体の営みから人間を俯瞰《ふかん》してみれば、人は死ぬまで、死んで軀《むくろ》となってからもその営みの中で生きます。その文脈からすれば、「食べて出すこと」はすべての命の使命であり、すべての命が協力し合わないと達成できない生産活動であると考えることもできます。しかし、それは「しなければならない」「しなくてもよい」といった判断の余地を許さないただの「する」です。あえて意味付けするならば、その営みを邪魔しない(阻害するものを遠ざける)のが介護の本質かもしれない……。生き物は種の保存のために生殖しているのではなく、分解という命全体の営みのために生殖していると感じてしまいます。すみません。飛びすぎました)

生理的な現象にも他者が関わることで明確な主張を孕みます。食べたくなければ口が開かない。たとえ無理に口の中に含ませたとしても喉は飲み込まない。排泄は頼んで出るものじゃない。

いし、かと思えばところかまわず出るときは出ます。睡眠も同様です。食事、排泄、睡眠には、他者がどんなに頑張っても、代わることのできない主体（営み）があります。それは意識でコントロールしきれるものでもありません。よって一般的には反応と呼ばれてしまいますが……。手で触りながら、体の営みに触れることで、体の意思に手応えをえる。これが、対談で飛び出した生理へとつながる話です。

最後にもうひとつ。

介護の現場では優先事項の選択を迫られることが、多々あります。荒ぶらないぼけのあるお年寄りにとって「今、トイレに行ったほうがいいな」と思って入室すると、同時に荒ぶりやすいぼけのお年寄りが荒ぶり始める。そうなると、やはり、荒ぶるお年寄りを優先せざるをえない。危機の回避が優先されてしまう。

後回しになる荒ぶらないぼけのお年寄りに、後ろめたい気持ちになる。そんなとき、祈っていました。内実は言い訳です。「本当は今、あなたの元に行くべきなのですが、荒ぶるぼけが僕を呼んでいます。お許しを」。言葉にすればこんな感じです。ちょっとだけ、目をつむりそのような気持ちで許しを請《こ》う祈り、協力を請う祈り。そして、部屋を出る。

同時に「これは僕の都合ではありません。荒ぶるぼけにみまわれたお年寄りに成り代わりお願いしているのです」と言い訳の言い訳をする。信仰とはほど遠く、宗教的とも言い難《がた》い単なる心の呟《つぶや》きでしたが、僕の生活に初めて息づいた、声なき人に対する現実的な祈りでした。少なくとも僕にとっては。「私」を手放したかのように見えるお年寄りは、そんな力を発揮しました。そもそも、僕は祈りをささげるような人間じゃないのです。改めて考えてみれば、荒ぶるぼけに出くわした僕が荒ぶりのないぼけの力を借りて、自分の気持ちを鎮《しず》めるために行ったのかもしれません。

お付き合いありがとうございました。

伊藤さん、気分転換になれば幸いです。改めて『どもる体』（医学書院）、最高に面白かったです。驚きながら、そうかと思いながら、読み進み、終盤では涙が出ました。嬉し涙です。伊藤さんのおっしゃる「『利他』の問題を考えるときに、お年寄りとかかわることは究極な感じ」。やはり面白いと思いました。なぜ、究極なのか。対談の流れでは、伊藤さんのお考えを聞けなかったことが残念でした。厚かましいお願いですが、知りたいです。

※1　伊藤亜紗×村瀬孝生「ぼけと利他～時空を超えるお年寄りたちに学ぶ」対談（二〇二〇年七月十八日開催）の一部はみんなのミシマガジンに掲載。https://www.mishimaga.com/books/yomu-mslive/002497.html

2
通目

伊藤からのお手紙
←
2020.09.17

アナーキーな相互扶助

→ 村瀬さんへ

答えを手放す。

　最近読んだ文章[※1]の中で、ブレイディみかこさんが、アナキズムの話をされていたことを思い出しました。ケアっておそらく本質的にアナーキーなことなんでしょうね。

　ブレイディさんがあげていたのは、英国がロックダウンしたときの相互扶助の光景でした。ブレイディさんの住むブライトンでは、独り暮らしのお年寄りや自主隔離している人に食品を届けるネットワークをつくるから電話をしてください、と連絡先が書かれたチラシが郵便受けに入っていたり、自宅の壁にチラシを貼ったりしている人がいたそうです。アナキズムというと、暴動を起こして一切合切破壊するようなイメージがありますが、相互扶助のために勝手に立ち上がるという顔もある。政治が右往左往したりしているときに、組織とか利害とかと関係ないところで、他人をケアするために、できることを生き生きとやり始める人たちがあらわれた、と。

村瀬さんからうかがう介護の話は、いつもアナーキーだなと思います。これまでも、対談や研究会で、いろいろなお年寄りとのエピソードを聞かせてくださいました。計画を立てながらも「計画倒れをどこか喜ぶ」態度しかり、声をあげて叫ぶお婆《ばあ》ちゃんに般若心経を、お爺《じい》ちゃんにおりんを渡してとっさのセッションをさせてしまう即興性しかり。場の瞬発力によって、介護する人からも、介護される人からも、想定外のものが引き出されてしまい、ともに負けることで介護らしき出来事が成立しているような面白さがあります（介護のプロに対して、なんだか失礼な物言いですみません）。

荒ぶるぼけのある人のほうが実は介護しやすいんだ、というお話は目からウロコでした。こちらの思い通りにならない「抗い」という反応があるからこそ、恐れ慄いて、相手を尊重したと思えるわけですね（この「思える」というところがポイントですね。これについてのちほど書きたいと思います）。

全盲の西島玲那《れな》さんと、片足を切断した青木彬《あきら》さんに対談をしてもらったことがあります。[※2] まったく異なる身体条件をもった二人が意気投合したのも、「抗い」の問題でした。玲那さんは盲導犬と、青木さんは義足とともに生きているのですが、盲導犬も義足も、完全に自分の思い通りにはならない、抗う存在なのです。盲導犬が買い物の途中でストライキしちゃうこともあるし、義足も自分の足のように動いてくれるわけではない。でもその「こちらの都合を聞いてくれるものではない」感があるからこそ、信頼関係を結べるのだそうです。

対談のときに、よりあいの森にいるお年寄りからすると、そもそもよりあいの森にいる理由がないというお話がありました。盲導犬もたぶんそうなんですよね。少なくとも玲那さんはそう考えていました。それで、たまたま来てくれたその盲導犬が「これで良かったなあ」と思えるにはどうしたらいいんだろうと考えているうちに、盲導犬のほうが「立場的に彼女と対等かちょっと上」になっていった。

でも、そうやって犬を尊重しようと思ううちに、彼女は「私の人生が豊かになった」って言うんです。彼女にとっての盲導犬は、自分をケアしてくれる存在である以上に、ケアすべき存在であることが重要なのだと思います。ケアすることはケアされることなのでしょうか（ここも気になっているポイントです）。

「ここにいる理由」が問題になるのは、実は義足の場合も同じようです。青木さんは「義足がどういう歴史を背負って今ここに来ているのか、ということを理解しようとしてあげないと、使いこなせない気がした」と語っています。本当は、歴史なんか知らなくたって使えるように、つくられているはずです。でも青木さんは、物理的な構造や機能をマニュアル的に理解するだけでは、それを乗りこなすのに必要な「信頼」を生み出すことができないと思った。だから、自分のあずかり知らないところにある義足の「大きさ」を実感するために、歴史も知ろうとしたのだと思います。

二人の様子は、盲導犬や義足とうまく付き合うために、相手のうちにある抗いの要素を積極的に見出しているようにも見えます。

対談は二時間以上続いたのですが、二人の会話は最終的に「ママ友のおしゃべり」みたいになっていました。なるほど、子どもとは、その存在理由の一端を自分が担っている、にもかかわらず／だからこそ自分に抗いもする存在です。二人にとっては、盲導犬や義足が、まさにそのような存在だったということです。そしてママが友になってしまえば愚痴《ぐち》も言える。「ウチの子はかなりやんちゃで……」。夜遅くまで話はつきませんでした。


この話のポイントはやはり、「思える」というところだと思います。抗いがあるからこそ「相手を尊重できる」のではなく、「相手を尊重したと思える」と村瀬さんが書いているところ。この盲導犬がたまたま自分のもとにやってきた偶然性に向き合うことや、この義足がつくられるまでの長い歴史を知ろうとすることも、自分の思惑を超えた「抗い」の要素を自ら探し求めている点で、「思える」と同じ心の動きだと思います。

私が七月の対談で呟き、その後村瀬さんが改めて拾ってくださった『利他』の問題を考えるときに、お年寄りとかかわることは究極な感じがする」という話は、ここに直結していると思います。

利他は、「自分がする行為の結果は自分にはわからない」ということから始まるのではないか、というのが最近私が考えていることです。困っている人に手を貸すとか、苦しんでいる人をなぐさめるとか、そういったわかりやすい善行には、昔から警戒心があります。「自分はこんなに善《よ》いことをしてあげているのだから、相手が喜んで当然だ」と思ったら、それは相手を自分にとって都合のいい道具に仕立てて、支配しているだけだからです。その意味で、利他には「自分が勝手にやってるだけなのかも」という過剰さの自覚が必要です。そして、だからこそ管理を逃れるアナーキーなものなのだと思います。

ところが、村瀬さんがあげたふたつ目のタイプ、つまり「荒ぶりのないぼけの人」を介助する場合には、この「思える」が揺らいでくるわけですよね。強い抵抗がなく、思い通りになってしまうから、自分の行為の過剰さを自覚しにくくなってしまう。手応えがなくなると、相手との距離が測れなくなって、何だか相手が自分の一部になったような錯覚を覚えてしまいそうです。完全に以心伝心の犬。生身の足と同じように動く義足。一見すると楽なようにも感じますが、そこにはケアという関係は生まれようもないということに気が付きます。

ブレイディさんがあげていたブライトンのアナーキーな相互扶助の光景は、新型コロナウイルスの危機という共通の敵を前にした、災害ユートピア的な状況だからこそ成立したものだと言うこともできます。一時的な非日常だからこそ、人々は自分の行為の結果がどうなるかを顧《かえり》みないまま、過剰に行動することができた。

でも、よりあいの森で介護にあたる人たちにとっては、それが日常なわけですよね。「荒ぶりのないぼけの人」と継続して日々を過ごすということを想像すると、そこにどうしたら利他的な「ケア」という関係が成立しうるのか、深い悩みに入ってしまいそうです。

だからこそ、村瀬さんの「協力を請う祈り」には、深く引き込まれました。「本当は今、あなたの元に行くべきなのですが、荒ぶるぼけが僕を呼んでいます。お許しを」。どうしても荒ぶるぼけのお年寄りのケアを優先せざるをえないときに、後回しにされる荒ぶらないぼけのお年寄りに向かって、村瀬さんは目をつむってそう祈る、と書かれていました。

これはつまり、荒ぶらないぼけのお年寄りに、ケアされる側ではなくケアする側のほうに出てきてもらっている、ということなのかな、と思いました。

確かに物理的には、排泄が遅れたり、食事を待たされたり、荒ぶらないぼけのお年寄りはケアをされていない状況にあります。けれども、その「待ち」こそが、荒ぶるぼけのケアを可能にしている。その意味では、荒ぶらないぼけのお年寄りは、村瀬さんと同じ介護者の立場にいるようにも見えます。

もちろん、それは村瀬さんの一方的な祈りであり、過剰な「思える」なのかもしれません。けれども、そうやって協力を請うことによって、村瀬さん自身も、荒ぶらないぼけのお年寄りをケアすることが可能になっているようにも見える。ケアする側になってもらうことによってケアしている、というか。

ケアの先に祈りがあるというのも面白いです。私自身もそうですが、吃音《きつおん》のある人はけっこう祈っているのではないかと思います。言葉を出すためにいろいろな工夫をしますが、工夫したとて常にうまくいくとはかぎらないので、しゃべりながら、「次のこの言葉が出ますように」と祈りつつ、出るほうに賭けているようなところがあります。自分の体なのに、ケアのしようがないところに行ってしまうんですよね。難発になって体が緊張し、音がまったく出なくなってしまうときは、目の前にいて待たされている会話の相手にも、「どうか、私の体がしゃべれるように、一緒に祈ってください」と心の中で勝手に協力を請うていたりします。

私にはわからないことだらけですが、ケアすることとケアされることのあいだには、面白い関係がありそうですね。それから、ケアする人同士の関係や、ケアされる人同士の関係も。一対一ではない、集団の中で生まれる相互扶助のアナキズムというものがあるのでしょうか。的外れな質問かもしれませんが、何かヒントをいただけたら嬉しいです。

※1　ブレイディみかこ×栗原康「コロナ禍と〝クソどうでもいい仕事〟について」『文學界』二〇二〇年十月号、文藝春秋、二一二〜二一三頁

※2　青木彬×西島玲那、asaito　二〇二〇年八月十二日　http://asaito.com/research/2020/08/post_72.php

3
通目

村瀬から
のお手紙
←
2020.10.06

ズレまくりながら調和している

→ 伊藤さんへ

全盲の女性を支える盲導犬。片足を切断した男性を支える義足。お年寄りの生活を支える僕。立ち位置的には僕は盲導犬であり、義足なのだと思いました。ママ友の会のお話は、それぐらい感情移入してしまいます。そして盲導犬が彼女に、義足が彼に抗うように、僕もお年寄りに抗っているなあと思います。

アナーキーな相互扶助。

それでも、そんな抗いに対して、女性は盲導犬が「これで良かったなあ」と思えるように考える。片足を切断した男性は「義足がどういう歴史を背負って今ここに来ているのか、ということを理解しようとしてあげないと、使いこなせない気がした」と思える。

盲導犬であり、義足でもある僕が「これで良かった」と思えるように、「信頼関係を結ぶ」ために、僕の出自や生い立ちを理解しようと努力してくれるのですね。そう考えると実に感慨深くなりました。彼女、彼にお年寄りたちがかぶります。

あるお爺さんを思い出します。

ことごとく、次の行為に移れないお爺さんです。迎えに行っても、椅子から立たない。立っても玄関に行かない。玄関に行っても靴を履かない。やっと靴を履いて送迎車にたどり着いても乗らない。お爺さんとしては、よりあいに行く理由がないのですから当然です。だから、ひとつひとつ生じる抗いを尊重しないとお爺さんから信頼が得られないと思いました。

さらに、このお爺さんが面白いのは送迎するとき「車に乗りましょう」では伝わらないことでした。「そろそろ船が出ますよ」と伝えると「ああ、そうか」と言って車に乗ってくれるのです。それには理由らしき過去があったのです。

お爺さんは太平洋戦争の敗北を朝鮮(現在の北朝鮮)で迎えました。すでにソ連軍の配下にあった港には、日本の船が邦人救出のために寄港することができませんでした。当時、若かりしお爺さんは同朋と闇舟《やみぶね》を手配して命からがら脱出してきたのです。

ぼけを抱えて生じる危機感と当時の危機感がシンクロして「車」が「船」になったと思われる節があるのです。介助を通してお爺さんの背負った歴史を知り、その重さを感じることになります。

介助者からすれば、ケアすることでお年寄りから抗いを受け振り回されているように感じてしまいますが、お年寄りからすれば、ケアされることで介助者に抗われ振り回されている。互いが互いの「抗い」を「ケアし合っている」かのようにも思えます。ママ友の会に僕も参加していれば「やんちゃな子（おやじ）でスミマセン、でもね……」と夜遅くまで話が尽きなかったかも（笑）。そして、

この話のポイントはやはり、「思える」というところだと思います。抗いがあるからこそ「相手を尊重できる」のではなく、「相手を尊重したと思える」と村瀬さんが書いているところ。この盲導犬がたまたま自分のもとにやってきた偶然性に向き合うことや、この義足がつくられるまでの長い歴史を知ろうとすることも、自分の思惑を超えた「抗い」の要素を自ら探し求めている点で、「思える」と同じ心の動きだと思います。

という伊藤さんの指摘は深く考えさせられました。

介護の世界には過剰な「思える」ではなく、過剰な「思い」を持っている人が少なくありません。僕はかねがね「思い」という言葉に違和感がありました。それは伊藤さんの言う善行、相手を自分にとって都合のいい道具に仕立てて支配しているだけ、と似通っていると思い当たります。過剰な「思い」に警戒してきたことが腑《ふ》に落ちます。

そして、伊藤さんの言葉から改めて考えました。介助される人、する人になぜ過剰な「思える」が生じてくるのかと。そこには、場を介してひとつの行為を二人で行うという待ったなし

の抜き差しならぬ状況があるからではないかと思います。

お年寄りに関わって感じるのは、これまで自分でできたことを他者の手を借りて行うことは簡単ではないということです。さんざん抗って、葛藤し、万策尽きて、仕方なく自分の体を他者に委ねる（多くのお年寄りは大なり小なり、そのようなプロセスを経ていると思います）。

介護者もまた、喜んで介護する人はいないのではないか。できなくなっていく人を前に手を貸さざるをえなくなる。手を貸して実感します。自分の無力さを。介護は両者にとって仕方なく始まっていくものと感じています。しかし「仕方なさ」を悲観的にとらえていません。むしろ、救いがあると思うのです。

「場」をともにする介護される人、する人が互いに万策尽きた状態になったとき、「思える」が立ち上がりアナーキーな世界を帯び始めるのかもしれません。これは英国のブライトンで生まれた相互扶助にもつながるのではないかと感じます（あとで、改めて書きますね）。

そもそもお年寄り、特にぼけを抱えた人はアナーキーな存在かもしれません。加齢によって時間と空間の見当が覚束《おぼつか》なくなる。言葉を失い始め、記憶がおぼろげになる。そこには、概念から外れていく面があります。これまで縛られていた規範やルールからの解放とも言えるでしょう（当事者はそのことによってまた苦しむのですが……ここでは触れません）。概念から社会をとらえるのではなく、生身の実感から世界をとらえるようになると感じます。おそらく、そのように転じざるをえないのです。

「待っても、待っても来ないのよ」。お婆さんはいてもたってもいられない様相で言いました。「誰が来んと?」と尋ねると「犬の注射の日」と答えます。保健所が公民館を巡回して行う狂犬病予防注射があるのですが、せっかちで記憶に不安のあるお婆さんはその日を逃すであろうことが心配でしょうがない。まるで、人を待つかのようにその日を待っているのでした。いくら待っても、人のようにはやって来ません。「どうして来ないのか」と問われてもお婆さんの腑に落ちる答えを持ち合わせていませんでした。これは母の話です。

あるお婆さんは、湯飲みを持ちながら「モシモシ、モシモシ」と言い出します。お茶を飲もうと湯飲みを口元に運んでいるのですが、唇で受け止める寸前で湯飲みが電話の受話器に変換されてしまうのです。お婆さんは「モシモシ、モシモシ」を三回繰り返したのち、四回目でお茶を飲み干します。四回目は湯飲みが湯飲みのままでいられたのです。僕から笑いが漏れ出てくる。そして、お茶が飲めた瞬間、「よかった〜」と思う。笑わせるつもりのないお年寄りが笑うつもりのない僕を笑わせる。ここには目論見《もくろみ》がありません。

このような出来事は枚挙《まいきょ》にいとまがないのです。だから僕の既成概念はずいぶんと解体されたように思います。それはとてもアナーキーなことです。本来、私たちは概念によって共通の認識を得ることができていると思います。では、ぼけを抱えた人たちの世界では概念に依ることなく共同性や相互扶助のようなものが生まれるのだろうかという謎が出てきますよね。

結論めいたことを言えば、八十年、九十年かけて育んできた自分らしさをいかんなく発揮して、ズレまくりながら調和している感じなんです。その様子はある意味、相互扶助的に見えます。

いくつかの看取りのエピソードから。

今にも息を引き取りそうなお爺さんの呼吸をみんなで見守っていました。すると、キリスト教徒のお爺さんがまだ息のあるお爺さんにむけて「南無阿弥陀仏、南無阿弥陀仏」と、お経をあげ始めました。つられて、他のお年寄りも念仏を唱えるので、「みなさん、まだちょっと早いです」とさりげなくお知らせしました。

不思議なことがあります。看取りがいよいよ佳境に入ると、みなさん水を打ったように静かな夜を迎えることが多いのです。職員は死にゆくお年寄りに集中することができます。朝の申し送りで「昨夜はみなさんが看取りに協力してくださった感じです」といった夜勤者の声を聞くことが多いですし、僕もまた実感するところです。

看取るために家族が泊まりこむことがあります。ある家族は六日間泊まりました。そこで暮らすお年寄りたちと寝食をともにすることになります。看取りを終えたとき、お年寄りたちに支えられたと言うのです。

ちょっと前の出来事を覚えていないお婆さんが「ちゃんとご飯を食べたね？　体がもたんよ」

と気にかけてくれたそうです。ただ、記憶が続かないので激しいときは五分、十分おきに「ご飯を食べたね？」と心配する。それを見ていたお婆さんが「あんた、何回それを言えばいいとね」と怒り出す。すると「まあ、まあ、そげん怒らんと」とたしなめる三人目のお婆さんがあらわれる。

最初のお婆さんが「ご飯食べたね」と発すると「何回、言うとね」「まあ、まあ、怒らんと」がワンセットで繰り返されるのでした。家族は「あれがあったから頑張れた」と言いました。

家族の希望によってはよりあいでお葬式をすることもあります。日蓮宗のお坊さんがお二人でシンバルやドラのようなものを盛大に鳴らしてお経をあげていました。

するとひとりのお婆ちゃんがリズムに乗ってきました。元気よく、しかも楽し気に手拍子を打ち始めてしまいます。ひとりが楽しくなるとあとに続く人が出てきます。結局、手拍子ができるすべてのお年寄りが手を打ち出したのです。それはまるでお坊さん（演者）とお年寄り（ファン）が一体となったコンサートホールでした。

面白いのは喪主である家族や親類縁者をはじめ、式に参列した地域住民が「とても良かった」と言うのです。お坊さんにいたっては「感動した」と泣いておられました。

お年寄りたちは、思想信条に依らないアナキズムと、人格や宗教に依らない許し（今回は触れていませんが）を発揮し、場をつくり始めると言えるでしょう。そのように時折シンクロします。大方は揉《も》めながらバラバラのままに一緒にいる。いるしかない。なんか、まじめで滑稽《こっけい》でしょ。好きなんです。

共通していることは目論見がないことなんです。誰かの強い意思と提案によって始まった感じがしない。巻き込まれていくといった感じでしょうか。

「巻き込む」には目的と計画の匂いがします。しかし「巻き込まれる」には「仕方なさ」や「思える」が漂っています。伊藤さんが考えているように、結果が想定されないままに動かされているように思えます。

ブライトンの相互扶助も万策尽きた人の存在に、「場」をともにする人たちが仕方なく巻き込まれていった側面があるのではないか。「巻き込む力」ではなく「巻き込まれる力」が作用したのではと想像しています。

ヒントというより感じるままに書きました。介護の現場に三十三年いますが、いまだに介護（ケア）とは何かよくわからないんです。人の行為は、偶然性や一回かぎりで再現性のない営みで成り立つことが多いからでしょうか。お便り楽しみにお持ちしています。

4
通目

伊藤から
のお手紙
←
2020.10.19

オオカミの進化

→ 村瀬さんへ

お返事ありがとうございます。今回もとても感動しました。お手紙を読むと、いつも初めての場所に連れ出される感じがします。

村瀬さんは介護者としてお年寄りの抗いをケアしているけれど、お年寄りもまた村瀬さんに関わられることで振り回されており、村瀬さんの抗いをケアしているのだ、と。考えてもみなかったことですが、きっとそうなのでしょうね。「抗い」の観点から見ることによって初めて、ケアすることがケアされることでもある、という側面に気付かされました。

ただしその場合のケアは、「相手のためを思って」みたいな目論見によってなされるものではないわけですよね。むしろそれは、目論見レベルではすれ違っているのに、演奏としてはシンクロしている不思議な即興音楽みたいなものですね。

盲導犬である村瀬さんを想像したら、最近読んだオオカミの話を思い出しました。

アリス・ロバーツというイギリスの人類学者が書いた『飼いならす』（斉藤隆央訳、明石書店）という本です。この本は、イヌ、コムギ、ウシ、トウモロコシなど、人間によって飼育栽培されるようになった一〇種類の動植物が、どのようにしてそのような関係を人間と取り結ぶにいたったのかを描き出しています。考古学や遺伝子解析など最新の科学の知見を駆使して描かれた壮大な本です。

面白かったのは、飼いならす過程というのは、一般に想像されるような「もともと野生だった動植物を、人間が自分の目的にかなうようにうまく手懐《てなず》けて、品種改良していった」というようなものではない、ということです。

言われてみれば当たり前なのですが、どんな生き物だって、自分と違う種をそんなに都合よくコントロールできるわけがないですよね。もしそんなことができていたら、人間は地球上のあらゆる動植物を、自分の思い通りにあやつっていたはずです。

飼いならす過程は、もっと非意図的で、偶然に満ちていたはずだ、とロバーツは言います。そして「飼いならす」とはむしろ、ある種の動植物がもっていた「飼いならされる力」を、そうとは知らず、人間が解放しただけにすぎないのではないか、と。

一章はイヌについての話で、そこでイヌの先祖であるオオカミのことが出てきます。さまざまな研究結果が示しているのは、オオカミが人間と協力するようになったのは氷河期ではないか、ということです。当時、人間はまだ狩猟採集民でした。集団でトナカイなどを狩って食していましたが、原始宗教的な意味があったのか、頭部は食べずに森に返す習慣があったと考えられています。

その食べかすを狙ってやってきたのがオオカミです。自分で狩るよりも、おこぼれをもらったほうが、はるかに楽だからです。それで、次第にオオカミがテントのまわりをうろつくようになる。オオカミは好奇心が強く、それでいて慎重な動物です。人間も、近づきすぎたオオカミには攻撃をしたでしょうが、強面《こわもて》の彼らが近くにいることで、他の動物から身を守れるという利点にも気付いたはずです。

どっちがどっちを選んだのかはよくわからない、とロバーツは言います。いずれにせよ、人間が「飼いならし」だと思っていた過程は、実は「それぞれに利害関係を持った種のゆるやかな共生」のようなものであった可能性が高いのです。

そして、そんな共生が長く続くうちに、次第にオオカミは進化をしていきます。尻尾をあげ、より警戒心の低い現在の「イヌ」になっていったのです。もちろん盲導犬も、そのようにしてイヌに進化していった元オオカミの一員です。

ポイントは、こうした共生の過程で、人間もまた進化していった、ということです。オオカミをはじめとするさまざまな動植物と共生する中で、人間は、男性の攻撃性を減少させ、他の個体と協力する社交性を身につけるに至ったのです。一種の「共進化」ですね。一緒にいるだけで変わってしまう、種の枠組みが流動化してしまう、ということに驚かされます。

というわけで、「飼いならす」は実は「飼いならされ」でもあった、というのが本書のオチです。イヌやウシやウマを飼いならしたと思っていた人間は、実は一番うまく家畜化された種だった、ということですね（だから、本書の最終章は「ヒト」に充《あ》てられています）。

子どもの頃、近所の集会所でバザーがあって、そこで売っていたモルモットを一〇円で買ってきました。今考えると、そもそもなぜバザーにモルモットが出品されていたのかが謎なのですが、一〇円だったということは、たくさん生まれて困った人がいたのかもしれません。

家に連れて帰って、モルモットをケージに入れました。伊藤家で初めて飼うペットだったので、人間も緊張していたし、モルモットも緊張していました。しばらく放っておくと、やがてオシッコをしたので、ここが今日から自分の家だと諦念《ていねん》したのだなと思いました。

飼い始めてどのくらい経った頃か忘れてしまいましたが、朝起きてみると、ケージにモルモットがいませんでした。夜行性なので、夜のうちに脱走していたのです。ケージは牢屋みたいで可哀そうだと思った母が、蓋《ふた》（天井の部分）を閉めずにおいたのです。

どこに行ったのかと家じゅうを探すと、果たして、横倒しに置いてあったデパートの紙袋の中に鎮座《ちんざ》していました。足で呑気《のんき》に頭を掻《か》いています。オシッコもウンチもし放題でした。カーペットは、茶色い毛でべちゃべちゃ、床近くまで垂《た》れ下がっていたロールカーテンには見事な歯形がついていました。

それを見た母が、ものすごく喜んだのです。「あれ、まあ！」と口では言いながら、そのトーンは「よくやった、あっぱれ！」でした。母もきっと「抗い」を探していたのだと思います。家族が寝静まったあとにモルモットが発揮した野生は、小学生だった私にも、「自分は飼われているつもりはない」と主張しているように見えました。これでやっと一緒にいることができる。喜ぶ母を見て、私も妙に安心したことを覚えています。

その日から、ケージの前についているドアを洗濯バサミで止めて、出入り口を常時開放しておくようになりました。モルモットは「自分がいつでも外に出られるようにしてくれたんだなあ」なんていうふうには思わなかったはずです。数日後には「あれ、ここに道があるぞ」「あれ、出ちゃった」というような風情で「外出」するようになりました。そしてソファーの下や紙袋の中に、たくさんの「別荘」をつくるようになりました。

大胆になったモルモットは、やがて人間の家の玄関からも出ていくようになりました。庭の木の下で日向ぼっこをしたいのです。でも庭にはときどき野良猫が来ます。そんなときは、白目をむいて全速力で家に逃げ帰ってくるのでした。

その頃は「ドラゴンクエスト」というゲームが流行《はや》っていました。ある日、そのゲームのサントラが入ったCDを買ってもらいました。さっそくプレイヤーに入れて聴き始めると、一〇曲くらい入っていたうち一曲に、モルモットが強い反応を示しました。いつものようにキュウリを食べていたのですが、その動作をパタリと止め、遠くの仲間の声に耳を澄ますように、鼻を高くあげて静止したのです。それ以降、私はその曲ばかりかけるようになりました。

思い返すと、あのモルモットとの生活も、どちらがどちらを飼っているのかよくわからない状態を、お互いが目指していたように思います。もちろん「進化」というほどのことは起こらないのですが、人間もモルモットも、お互いの抗いをケアしながら、少しずつ生活様式を変化させていっていました。

人間とモルモットをつなげていたかすがいは、物理的な環境でした。言うまでもなく、人間とモルモットは言葉が通じないのですが、物理的な環境は共有していました。扉を開けたり、紙袋に隠れたり、物理的な環境を少しずつ改変することが、抗いでもあり、ケアでもありました。人間にとっては紙袋でも、モルモットにとっては住処です。物だからこそ、思いはズレていくし、目論見は外れることができていました。

一緒にいる、というのはとても不思議なことですね。一緒にいる、というのは「思える」の次元でしか起こりえない出来事であって、常にズレを孕んでいるものです。コバンザメとジンベイザメも、ヤドリギとそれが乗っかっている木も、たぶんそんな感じなのでしょう。細胞同士の関係も、そうなのかもしれません。自然界では、村瀬さんの言う「ズレまくりながら調和している」が当たり前なのかもしれません。

一緒にいるためにお互いをケアしているのですが、そうしているうちに、思ってもいない方向へ進化の一歩を踏み出しているわけです。村瀬さんも、お年寄りと関わることで、既成概念がずいぶんと解体されたと書かれていました。

「今日」「犬」「私」。確かに概念は、私たちに共通の認識をつくり出す道具です。しかしながら、時間と空間の見当が覚束なくなり、言葉も記憶も曖昧《あいまい》になり始めたお年寄りは、概念に依らずに世界を、人を、とらえています。誤解を恐れずに言えば、別の種ほどにも根本が異なる存在に、介助する人が巻き込まれていく。巻き込まれる、というのは一種の進化ですね（be involved=evolution?）。

お年寄りたちは、村瀬さんだけでなく、周囲の物も進化させているように見えます。進化、というと変ですが、物のいろいろな可能性を引き出していますね。

送迎の車には乗ってくれなくても、引き揚げのための船だと言うと乗ってくれるお爺さん。共進化の原則からいくと、お爺さんには船が必要で、そのことによって車から船でもある可能性が引き出されています。湯飲みを持ちながら「モシモシ、モシモシ」と言うお婆さんも、湯飲みから電話の可能性を引き出しているように見えます（村瀬さんが教えてくれるエピソードの中で、お年寄りがしばしば「何かを待つ」という状況に陥っているのが面白いなと思います。この待ちが、いろいろなものを進化させる力であるようにも思います）。

というわけで、とりとめもない話ばかりでしたが、今回は動物の回になりました。一緒にいることの不思議を、引き続き考えていきたいです。

5 通目

村瀬から
のお手紙
←
2020.11.03

ヤドリギと鳥

→ 伊藤さんへ

独り暮らしの母の家に野良猫が姿を見せるようになりました。母はその毛色から「クロ」と名付けます。小さな茶わんを用意して餌をやり始めました。食べたくてしょうがない感じですが、用心深く警戒しています。決して近寄ろうとしませんでした。村瀬家では「クロ」の性別で盛り上がります。僕は「雌」、妹は「雄」、母は「知らん」に賭けました。

僕は「あの毛並みの感触を味わいたい」という衝動に駆られます。勝手に付けた名前に親愛の情を込めて呼びながら、「クロ」に近づくのですが一瞬のうちに姿を消すのでした。

あのとき「クロ」は僕をどのように認識したのでしょうか。人間という異種が、「クロ、クロ」と声を上げ猛烈な関心を寄せて自分に近づいてくる。そもそも、名前という概念が共有されていないのですから、「クロ」と呼ぶ声は僕の鳴き声として了解されたかもしれません。

「クロ」に少しずつ変化が見えてきました。いつでも逃げられる態勢をとりつつも、そこに踏みとどまろうとする我慢的な行動がみられるようになったのです。餌だけが目的ならば、人間がいなくなってから食べることもできるはずです。信頼のひとかけらも感じられないのに、踏みとどまろうとするのはなぜだろう。不思議でなりませんでした。

ふと思ったのです。僕には「クロ」の艶《つや》やかな毛並みとしなやかな筋肉に触れたい衝動がある。「クロ」は差し出される指に撫《な》でられ喉《のど》をゴロゴロさせたい衝動（習性）に駆られているのではないかと。ここでも僕の過剰な「思える」が立ち上がっていますね（笑）。

伊藤さんのお母さんとモルモットの「飼いならし」「飼いならされ」に驚きました。実に痛快です。お母さんはモルモットを「飼う」のではなく、異種の生き物と「どのように暮らせるのだろうか」と戸惑いながら接しておられたのでしょうね。モルモットも偶然に連れてこられたのですが、伊藤家を住処とすることを自分で決めた感があります。戸惑いながらも。

異種であれ同種であれ、初めて出会い、一緒にいることって不思議なことですよね。お年寄りと僕たちの出会いは、介護保険の契約から始まることがほとんどです。けれども、ぼけや認知症を理由に蚊帳《かや》の外となり、当事者抜きの利用が決まりがちです。ですから、サービスを利用する当人にその動機がない。よって「どうしたら出会うことができ、一緒にいることができるのか」という難関が互いに待ち受けています。

デイサービスに行かないお婆さんがいました。ご家族は在宅介護を継続する上でも、介護保険サービスを使わざるをえませんでした。ご家族はいくつかの事業所と契約を交わしてきたのですが、お婆さんは車に乗るどころか玄関先にすら顔を出しません。結果的にどの介護事業所からも利用を断られてしまいます。家族とケアマネージャーは「どうしたものか」と頭を痛めていました。

お婆さんには日課がありました。バスに乗って駅に出かけます。構内に併設されたモールでウィンドウショッピングをします。一回りし終えると、またバスに乗って市内で一番賑わう繁華街に移動します。デパ地下で有名店の試食めぐりをするのでした。デイサービスに行く暇などないのです。

お婆さんの土俵は駅モールとデパ地下です。いきなり「デイサービスという土俵に上がりませんか」と言われても「はい、はい」とはいきません。そこで、僕たちはお婆さんの土俵に上がらせてもらうことにしたのです。

一緒にいるというより、付いて行くことから始まります。まずはバスに乗りお婆さんの隣に座る。車内ではお婆さんの習慣や癖のようなものに出くわします。「フワフワした白髪」と「脂肪に包まれた腹部」に強い関心がありました。太ったサラリーマンが傍《そば》にいるとそのお腹を楽しそうに撫でる。フワフワ白髪のご婦人が前の座席にいるとニコニコして触る。触られる人もそれぞれで、あからさまに嫌がる人、驚きながらも身を任す人。職員は「すみません。ちょっと事情があって」とお婆さんの代わりに謝ります。ピンク色が好きでその服を着ている人にも触れたいのです。

デパ地下での試食めぐりでもお店の対応はさまざまです。そそくさと試食を隠す店員さん。「あっ、来た」という表情のあと、見なかったように振る舞う店員さん。

お婆さんの好みもわかってきました。まず輸入食品店カルディの「試飲コーヒー」で喉を潤《うるお》す。岩崎本舗の「長崎角煮まんじゅう」は大のお気に入り。明月堂の「博多通りもん」（これも饅頭）をスルーする日はありません。そして、一番のお目当ては「チョコモナカジャンボ」。それはちゃんと買って食べるのですが、時折、お金を支払い購入するという概念から遠ざかり、その場で食べてしまうことも。そのときは、職員が事情を話してお支払いをすませます。

疲れるときに座る場所も決まっています。休憩タイムには「かりんとう」とペットボトルのお茶をハンドバッグから取り出して飲み食べします。自分で用意して持ってくるのです。休んでいると、「あら、あなたよく見る顔ね」と声をかけてくるご婦人も少なくありません。お婆さんも嫌ではないようで、話はしないのに自分から近寄っていくこともあります。特にベビーカーが通ると前のめりで覗《のぞ》き込みます。お母さん方も驚いたり、戸惑いながら喜んだり。付き合う職員は言います。「コミュニティを感じるんですよね」と。

とにかく付いて行くことを続けているとお婆さんに変化が見えてきます。職員が歩き遅れると待ってくれる。試食のときは職員の分も取って渡してくれる。お婆さんの「かりんとう」を分けてくれる。お婆さんが話すことはめったにありません。言葉による会話で時を過ごすことはほぼないのですが、振る舞いと表情で気持ちが伝わってくる。

あるとき、強烈な尿意を感じてしまった職員が運を天に任せる気持ちで「私がトイレから戻ってくるまで、ここで待ってくれますか」と必死にお願いしたそうです。お婆さんに返事はありません。待ってくれる確証などどこにもない。最悪、いなくなってしまうこともありえました。「村瀬さん！　どうなったと思います？　お婆さんが待ってくれたんですよ！」と職員は興奮して話します。その嬉しそうな顔。

実は行動をともにする職員も変化がありました。僕的にはここにツボがあります。「お婆さんのウィンドウショッピングとデパ地下めぐりに付き合うこと」。僕からそう指示されたとき若い女性職員は「嫌だなぁ」と感じていたそうです。何が起こるかわからないし、自分ひとりで対処しなければなりません。不安だったそうです（僕は彼女にふたつのことを提案していました。一緒に行くことができたら、最低週三回は同行するように努力する。最初からチームで対応しないで「あなた」が付き合うこと）。

ドキドキしながら「嫌だなぁ」を感じていたはずの彼女が少しずつ楽しみを見つけ出します。それは、お婆さんとの関係の外にありました。モールやデパ地下は憧れの商品や美味しそうな食べ物に満ちています。お婆さんと歩きながら「あの服、素敵だなぁ」「あっ、美味しそうなケーキ！　今度の休みは買いに来よう！」と感じ始めるのです。お婆さんばかりを観ていた視線が、お婆さんの見ている風景へと移り、自分の生活に浸食してくる。お婆さんの土俵が彼女の土俵になりつつある。

そうなるとお婆さんが変化する。彼女の誘いに応じて、見も知らぬよりあいにやって来るようになりました。お婆さんとのあいだに信頼関係がつくれたと思いたいところですが、そのような理解ではしっくりしません。そこには「なれ」のプロセスがあるように思えます。「なれる」ということは「感じなくなる」ことを孕みます。お婆さんと彼女は一緒にいるうちに、お互いの存在を感じない瞬間を感じ始めていたのではないか。ケアから解放される時間が両者に生じていたように感じます。

デパ地下からよりあいへ場が移ることができたのは、お互いの存在（体）を居場所にしていたからではないかと思えます。それも一緒にいることがなせる業《わざ》でしょう。僕たちの立場からすると、お婆さんがよりあいに来ることができるまで「待っている」のですが、お婆さんはデパ地下で職員という鳥を「待っていた」のかもしれませんね。ヤドリギのように。※1

モルモットと伊藤家の関係を改めて考えると、お母さんは「飼う」ことでモルモットに拘束されたくなかったのかなぁと。「飼いならし合う」「ケアし合う」は「拘束し合う」ことでもあります。「わたし」「わたしたち」が自由であるためにケージを開けるという手段に出た、のかな。一緒にいるけど自由を感じる。そう思うとやはり痛快です。

もうひとつ、ツボがあります。

「お婆さんはどのくらいの期間でよりあいに来られるようになった？」。改めて彼女に聞いてみました。「え〜っと、そろそろセーターがいるかなと感じた頃だから秋の深まる頃かな……桜の咲く前にはもうよりあいに来ていたと思うので……ふたつの季節をまたいだぐらいと思います」「つまり、六カ月かからなかったのかな」「はい、秋の初めから春が来る前です」。思考が体から始まっている感じです（笑）。これは伊藤さんのいう「共進化」かもしれません。

「共進化」という伊藤さんの視点もまた、痛快感満載ですね。先日、母が床を拭いていました。よく見ると自分のはいていたパンツを脱いで雑巾《ぞうきん》代わりにしているのです。お尻丸出しで。「まさかパンツで拭きよるとじゃなかろうね」。怪訝《けげん》な僕に「もっと、おおらかになれ！」と言い返します。母はパンツから雑巾の可能性を引き出していたのですね。

伊藤家とモルモット。ヤドリギと鳥。オオカミと人。母とパンツ、そして僕。伊藤さんのお便りを楽しみにお待ちしています。

※1　ヤドリギはケヤキなど他の樹木に寄生する「木に宿る木」。鳥が実を食べて糞と一緒に種を出し、それが近くの木の枝にくっつくことで繁殖する。

6
通目

伊藤からのお手紙
←
2020.11.17

温泉と毛

→ 村瀬さんへ

先週末、あるイベントで極地建築家の村上祐資《ゆうすけ》さんのお話を聞く機会がありました。村上さんは、南極地域観測隊として昭和基地に一年以上滞在したり、将来の火星移住計画を見据えた模擬実験に参加して、砂漠や北極圏で長期の集団生活を経験したりしてきた強者です。

と聞くと、私などはすぐに「アドベンチャー」「サバイバル」「非日常」といったSF的イメージで頭の中がいっぱいになってしまうのですが、村上さんのお話は全然違っていました。村上さんの関心はあくまで「暮らすこと」なのです。極地に行くことは確かに冒険かもしれない。だけどいったん到着してしまえば、そこから先は、長い長い「生活」が待っています。村上さんは、南極や砂漠や火星の「退屈」を考えたいと言っていました。

言われてみれば当たり前なのですが、たとえば人類が火星に行く場合、着陸するとしたらまわりに何もない、平らな土地を選びますよね。もしかしたら、三六〇度ぐるりの地平線以外、何もないようなところかもしれない。そんなところで、火星に飛び立つほどの勇気がある人たちが、数カ月や場合によって数年、かなりかぎられた居住空間の中でともに過ごすというのは、想像を絶する過酷な状況です。アドベンチャーではなく生活、サバイバルではなくアライブ、非日常でなく日常を考えなくてはいけない、と村上さんは言っていました。

チームにはふたつの種類がある、と村上さんは言います。ひとつ目は、みんなで火を囲んで同心円状に集まる「焚《た》き火」タイプ。これは「意志」によって焚きつけられた集団で、お互いの顔が見えています。火の近くは熱いくらいですが、遠ざかるにつれて、徐々に熱は弱まっていきます。

もうひとつはみんなで同じお湯に浸かっている「温泉」タイプ。温泉に入ると他人同士無言で、お互い目が合わないようにしていたりもするけれど、お湯という同じ「気分」には浸かっています。お湯に入ってていさえすれば、温度はどこもだいたい同じです。

冒険には焚き火が必要ですが、生活は意志の力だけではどうにもなりません。生活において偉大なのはむしろ気分の力です。「こうしよう」と威勢のいいかけ声をかけるリーダーシップ、あるいは自分の中に持つ芯というものは案外もろい。村上さんは表面こそ重要、と言います。服を脱いで無防備になった他人たちが、大地の奥底から湧いてきたお湯に身を沈め、数分もすれば肌もとろけてお互いが違いながらも似かよってくる。生活って確かにそういうものだなあと思います。

村瀬さんが前回のお手紙に書かれていた「なれ」について考えています。お婆さんの日課だった駅モールとデパ地下めぐりに職員さんが付き合う中で、やがてお婆さんにも職員さんにも変化が起こり始める。何も言わないけれどお婆さんは職員さんに歩調を合わせるようになり、職員さんのほうも休みの日にまでデパ地下に買い物に来ようと考え始める。やがてお婆さんは、最初は拒んでいたにもかかわらず、施設に足を向けるようになります。

けれどもこれを「信頼関係ができた」と言ってしまうのはしっくりこない、と村瀬さんは書いています。これにはドキリとしました。確かに「信頼」も、「関係」も、ひとりひとりの人間という「個」が先にあって、それらが契約を結んでいるという状態を指す言葉ですね。契約を結ぶことで、いっそう「個」が強まるようなところがあります。

でも、お婆さんと職員さんはむしろ、一緒にいるうちにお互いの存在をあまり感じないようになったのではないか、と書かれています。これは「なれ」であると。お互いの体を居場所とするようになったのではないか、と。

この「なれ」は、「慣れ」であり、同時に「熟《な》れ」なのではないかと思いました。デパ地下が舞台だったせいか、「なれずし（熟れ鮨）」のイメージも浮かんでいたかもしれません。「なれずし」は食べたことがないのですが、発酵食品は大好きです。

「慣れ」は新しい知識や習慣を獲得することによって起こる積極的な変化ですが、「熟れ」は物理的に近くにいることによって互いに型くずれしていくような、時がかもす旨味という感じがします。表面がとろけています。「慣れ」には焦《あせ》りがありますが、「熟れ」は意図を超えた偶然の出来事です。

「熟れ」はとても温泉的です。職員さんも、最初は「慣れ」ようとしていたはずですが、角煮まんじゅうや戸惑う店員さんたちと一緒にお婆さんという湯に浸かっているうちに、いつしか「熟れて」いったのではないでしょうか。職員さんの関心が、お婆さんそのものではなくお婆さんの見ている風景へと移る、と書かれていましたが、この「風景」はまさに気分だなと思いました。

もうひとつ、お手紙を読んでいて気になったのは、「毛」です。

まず冒頭で村瀬さんが、「野良猫クロの毛」に触れたがっています。黒くて、艶やかな、あの毛並み。村瀬さんは茶わんに餌を入れて差し出します。

お婆さんも「フワフワした白髪」を狙っています。バスなどで見かけると、思わず手が伸びて触ってしまう。嫌がる人もいれば驚きながらも身を任せる人もいて、白髪のフワフワ感と、バスの車内に走ったであろう緊張のコントラストに、笑みがこぼれてしまいます。

不埒《ふらち》な手ですね。「不埒な手」というのは、最近書いた『手の倫理』（講談社選書メチエ）という本の最後の章のタイトルなのですが、思いがけず抗い難い衝動を掻き立てられてしまった手のことをこう呼んでいます。動物の体毛も、人間の髪の毛も、毛は、手を誘惑してやみません。

「思わずやってしまう」や「やらずにはいられない」を引き出してしまう、毛の魅力。村瀬さんのお手紙を読みながら、ケアってそういうものかな、と思いました。

そもそも毛って手がかかるものですよね。髪の毛も数日洗わないとベタベタしてくるし、長い髪なら丁寧にとかさないとすぐ絡《から》まってきます。毎日着実に伸びるから定期的に切らないといけないし、抜けた毛が床を汚します。動物も毛が生えたものたちは、こまめに自分の体を毛《け》繕《づくろ》いして清潔を保とうとするし、サルのようにお互いにグルーミングし合うことが社会性の維持に役立っている種もあります。

その、手のかかる毛が、他人を誘惑する。たまらなくなった手が伸びてきます。触れた瞬間、手のほうにもうっとりするような快感が伝わってきます。でも撫でているうちに、毛が玉になっているところやクセがついているところに気付き、ほぐしたり、伸ばしたり。忙しく働いているうちに、毛の脂が手にもうつってきて、しっとりしてきます。

引退や死別で盲導犬と別れた友人たちも、口々に「あの毛を撫でたい」と言います。盲導犬の毛を撫でていると心が落ち着いた、と。盲導犬のもつ「手がかかる」という大事な役割の核をなしているのが、やはり毛なのです（もうひとつの核はもちろんオシッコです）。盲導犬は、まさに毛をケアされることによって、目の見えない人をケアしています。

毛のケアは日々のことですから、習慣をつくり出す力をもっています。極地の生活においても、実はショートヘアよりもロングヘアのほうが向いているのかもしれない、と村上さんは言っています。[※1]模擬火星実験に、現代風のブロンドのショートカットの女性と、古風な長い黒髪の女性がいたのだそうです。しばらくするとショートヘアの女性が不安定になってしまったのをよそに、長い髪の女性は自慢の髪をとかすという日課を持っていた。彼女は排水溝がつまろうがおかまいなしで、まったく動じることなく極地生活を送ったのだそうです。

試食をつまむことが日課になっていたお婆さんも、駅モールとデパ地下という広い土地の手入れをしていたのかな、と想像しました。もちろんお店の人は困ったでしょうが、様子を見てまわり、せっせと手を入れて整えるのはかなり忙しい作業で、そのことがお婆さんの日常を支えていたのかな、と。「毛繕い」、あるいは「庭いじり」のような感じでしょうか。

庭いじりといえば、劇作家、小説家として知られるカレル・チャペックを思い出します。チャペックは、稀代の素人園芸家でもありました。『園芸家の一年』という本の中で、チャペックは、アダムがもし人類最初の園芸家だったらというジョークのような空想を展開しています。その様子が、私が勝手に想像するお婆さんの姿に重なるのです。

> もし彼〔アダム〕が、エデンの園に行ったなら、陶酔してあたりを嗅《か》ぎまわり、こう言うだろう。
> 「ここには、あなた、りっぱな黒土がありますね！」

そして、善悪いずれを見分ける知恵の木の実を食べることさえ忘れてしまい、どうしたら楽園の黒土を小車にいっぱい、神様の目を盗んで外へはこび出せるか、あたりの様子をうかがうことだろう。さもなければ、善悪の知恵の木が、そのまわりの地面にきれいにできたお椀形の縁《ふち》どり花壇を持っていないのに気がつき、せっせとそこの土に肥料をやりはじめ、頭の上に何がぶらさがっているかさえわからない。

「アダムよ、どこだ？」

神様が呼ぶ。

「すぐに行きます」園芸家は肩ごしにそう答えるかもしれない。「今、手がはなせないんです」

そして、縁どり花壇をつくる仕事をつづけるだろう。

（カレル・チャペック『園芸家の一年』平凡社ライブラリー、二〇一五年、四八～四九頁）

いつにもましてとりとめのないお手紙をお許しください。寒くなり、第三波も懸念されています。どうぞご自愛くださいませ。

※1　Business Network Lab「人は習慣なしでは生きられない――極地建築家・村上祐資が『火星』で見つけた、暮らしに本当に必要なもの」https://bnl.media/2020/02/yusuke-murakami.html

第二章

人と言葉をケアする居場所としての「しゃべり」

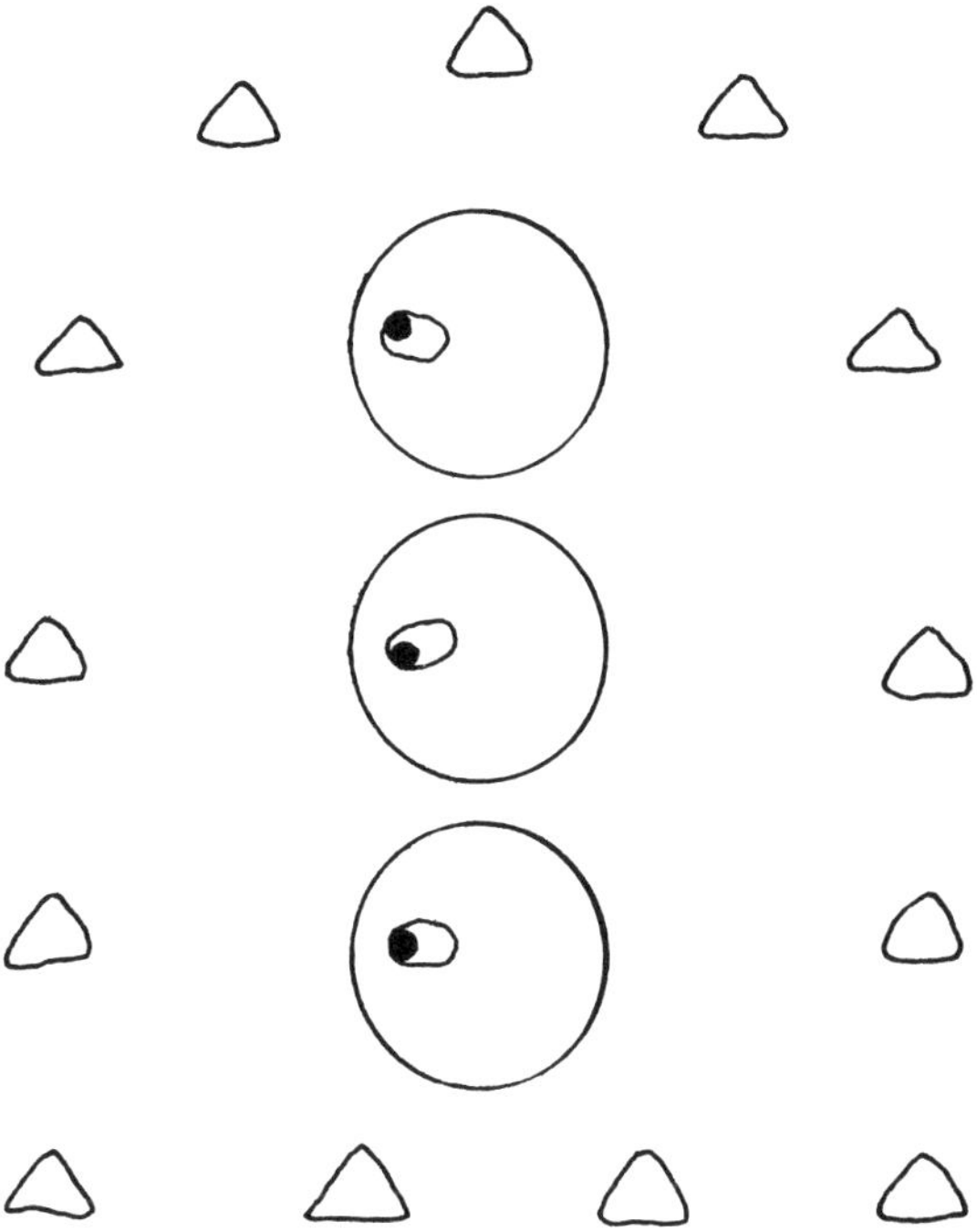

二〇二〇〜二〇二一年冬

7
通目

村瀬からのお手紙
←
2020.12.07

手間ひまかけてつくる記憶

→ 伊藤さんへ

「抜け始めてわかる、髪は長〜い友だち」。ずいぶん古いCMのフレーズが聞こえてきそうです。お手紙ありがとうございました。ふむふむ、ふむふむ、次の文章、次の文章と、探検するように読み進みました。「熟れ」と「毛」のお話は脱帽を飛び越えて脱毛の心境です。よりあいのケース会議に参加していただきたいと思いました。

唐突ですが、クイズです。まったく同等の介護を必要とするお年寄りが二人います。ひとつだけ違いがありました。それは髪の毛の量です。一人はフサフサとした頭。一人は禿《は》げた頭。さて、どちらの要介護度が高いでしょうか?

ちょっと簡単でしたね。答えはフサフサ頭の人です。お手紙にもありましたが、「毛」は手がかかるからです。コンピューターによる要介護認定のロジックには介護=手間という考えがあります。手間に要する時間を算出して要介護度を判定します。

禿げた人は毛のない分、手間がかからないという理屈で給付が少なくなる可能性がある。予防を柱とする介護保険は「年齢を重ねても手間のかからない存在でいましょう」と謳《うた》います。制度の目的からすれば、禿げた人のほうが歓迎されます。笑い話のようで、笑えない話ですね。実際は、「毛」の量を理由に要介護度が低くなることはありませんが、ロジック的にはそうなっているというお話です。

効率を重んじる経済のロジックで考えると、手間のかかる存在は歓迎されません。その昔、特養では「特養カット」というヘアスタイルが大流行しておりました。後頭部は刈り上げられ、前髪は気持ち程度の長さが残ります。遠目で見るとラグビー選手のようでした。どの人も同じ髪型。お婆さんがお爺さんに見えました。それは手間を惜しむ社会の象徴です。おそらく、そのことに慣れきることで現場は非人間的な効率を重んじる社会に手を貸していたのです。「毛」の扱いひとつでその国の介護意識が見て取れるのかもしれませんね。

火星模擬実験に登場する女性を安定に導いたのは、手間ひまかけて長い黒髪をケアする習慣だったというお話はとても腑に落ちます。時間と空間のとらえ方と記憶のあり方が変容するお年寄りにとって、習慣は生活に安定をもたらします。習慣には、概念による判断や時系列的な記憶に依らなくても生活を営ませる力があります。

老々介護のお宅がありました。ぼけの深まりつつある妻を夫が介護していました。よく夫婦喧嘩をしていました。「夫が私のことを『狂うた、狂うた』と言うとよ。歯がいかけん、言い返すたい。わたしゃ、狂うちゃおらん。ぼけとると」。集いの場では、お婆さんの愚痴を何度も聞いたものです。

お婆さんは今日が何日かわかりません。よってカレンダーは役に立ちません。よりあいに通う日がいつなのか見当のつかないお婆さんは、電話をかけて確認するのです。「今日は迎えに来るとじゃろか？」「はい、行きますよ」。数分後、「今日は迎えに来るとじゃろか？」「はい、行きますよ」。電話したことを覚えていられないので、繰り返し電話するのです。

そのやりとりを傍で聞く夫はイライラしてきます。よりあいへの気兼ねもあって「おまえ、さっきから、何回電話しよるとか！　いい加減にせい！」と怒鳴る。受話器越しに聞こえるほどでした。

お婆さんは慌てて電話を切るのですが、十分もしないうちに「今日は迎えに来るとかいな？」と電話がありました。いつもと違う雰囲気に「どこから、かけよると？」と尋ねると「ああ、公衆電話からたい」と答えます。夫の目を逃れて電話するのです。

まあ、これはお婆さんと僕たちによる朝のルーティーンでもありました。電話のないときは落ち着いている。電話がある日はその回数と間隔でお婆さんの状況がうかがい知れました。

今度は夫がよりあいに電話をかけてきました。「すっまっしぇん、内の（妻）はおるでしょうか。ちょっと呼び出してもらえんでしょうか」。お婆さんは「あら、あら、何事やろか」と電話に出ます。「なんね、眼鏡ね。洗面所に行ってみんしゃい」。夫は眼鏡の行方を見失ったのです。妻の言う通り洗面所にありました。

不思議でした。お婆さんが今朝の記憶をたどり、置き忘れた眼鏡を探し当てたとは考えられません。それは習慣のなせる業だと思いました。「長年連れ添った夫婦にとって大切なのは愛情よりも習慣やね」とみんなで笑いました。

ある日のことです。「大学病院の先生がよりあいに行けば、認知症が治ると言うから内んとを通わせたとですが一向に治りまっしぇん。本日をもって利用を止めます」と夫が電話してきました。妻がよりあいに通う習慣を失うとよろしくない。翌朝、相談するためにお家にうかがいました。

すると、夫は「お〜い、迎えが来たぞ!」と妻を送り出そうとするのです。お婆さんはいつものようによりあいに通うことができました。夫は習慣に乗っ取られているようでした。利用を止めたいという考えとは裏腹《うらはら》に、うっかり妻を送り出す。

その後も、思い出したように「利用中止」の電話をかけてくるのですが、翌朝、迎えに行くと、いつものように送り出してしまいます。しばらくのあいだ繰り返されました。

習慣とは変なものですね。いつもと同じという安定を生むと同時に、変わりたくても変われないというジレンマも孕みます。僕たちは変わるべきときに変われないと途方に暮れてしまいます。

失恋や失敗、いつものやり方が通用しない。今までの「わたし」にサヨナラしたい。そんなとき人は「毛」を切ることがあります。「毛」は変身を手助けしてくれます。すぐに内実が変わるわけではありませんが、気分は変わります。「毛」は習慣をつくると同時に習慣を変えるきっかけにもなりますね。「毛」とケアの関係には深いものがありそうです。

園芸家のアダムとデパ地下めぐりのお婆さんをだぶらせる伊藤さんのお話に嬉しくなりました。お婆さんは駅モールとデパ地下の手入れに出かけていた。せっせと。そのことが、お婆さんの日常を支え、お婆さんの中にある「わたしらしさ」を支えていた。と思えます。

伊藤さんの想像に刺激され、僕も想像を深めたいと思いました。

習慣はひとつの記憶だと思うことがあります。手間ひまかけてつくる記憶です。繰り返し、繰り返されることでつくられる習慣が体に記憶を生じさせ、日常をオートマチックにサポートしてくれます。それは、体に「わたし」が乗っ取られつつ、「わたし」が体に執着していくきっかけにもなる。

繰り返されてきた行為の蓄積は「わたしらしさ」をつくる。蓄積された時間のどこを切っても「そのときのわたし」がいて、体の中には「すべての世代のわたし」がイキイキと生きている。年輪のように。僕たちは多世代人格なのかもしれません。

「妹が生まれてお兄ちゃんになった」「脇の下とオチンチンに毛が生えた」「家庭をもった」「『わ

たし』を支えた『緑の黒髪』も薄くなってきた」。僕たちは社会の求めや生理が変容するたびに、これまでの習慣に新しい行為を「熟れ」させながら「わたし」をバージョンアップしているように思います。お婆さんは変容する「体」と「わたし」に対して途方に暮れていたのではないか。デパ地下で楽しんでいたかつての「わたし」に会いに行き、今の「わたし」をケアしていたのかな。

お婆さんが思わず手を伸ばしてしまうものに脂肪（弛《たる》み）と白髪がありました。脂肪は筋肉のように重力に抗うことができず、力なく垂れ下がります。重力に抗えない存在という点では老いと弛む脂肪はちょっと似ている。

油分を失い硬《かた》さを増し、白くなっていく髪は老いた「わたし」を実感させます。お婆さんは自分の中に育つ「老い」と向き合うと同時に、他者にある老いをケアせずにはいられなかったのかな。

お恥ずかしいのですが、カレル・チャペックに倣《なら》い空想も広げてみました。お婆さんを園芸家となったアダムに見立てて。

アダムは夢中になって緑どり花壇をつくり続けました。つくり惚《ほう》けてしまい自分がどれだけ歳をとったのかわかりません。けれど、アダムにとってそんなことはどうでもよいのです。だってここにはりっぱな黒土がある。

するとどこからか声がします。

「ここは素敵なところだね。焚き火は燃え盛り、暗闇もない。手間ひまかけなくても美味しい食べ物や素敵な物がすぐに手に入る。ワクワクするし、退屈しない。僕もここが大好きさ。けれど、少し火が強すぎないかい？　そのせいか時間の流れも速まっている。見てごらん、君の足はヨボヨボだよ。ここにとどまり続けるなら、もっと鍛えなきゃ。他にも面白いところがあるよ。君も来てみないかい」。その声は誘惑に満ちていました。

慌てたように違う声が言いました。

「ここそが、あなたにとって、もっとも『わたしらしさ』を感じるところなのです。好きなものを選んで食べ、自分によく似合うものを着飾っていたあなたが、あなたの思う『わたし』なのです。ここを離れたあなたは『わたしらしさ』を見失うことでしょう。とどまり続けることが、『わたし』を保ち続ける唯一の方法なのです。そして、知恵の実を食べ忘れた（食べたことを忘れた）あなたの存在がここを豊かにするのです。それがあなたに与えられた役割なのです」。その声には正しさが漂います。

誘惑する声はひそひそと言いました。

「君も薄々気が付いているだろう。ここの黒土が変わりつつあることを。強まる火勢と速まる時間に慣れた者しか受けつけない土壌に変わりつつある。こことは違う黒土があるよ。その土に育まれた果実はしっかりと熟していくんだ。それを食べ続けるとすごいことが起こる。ともかく、とっても美味しいから食べにおいでよ。そして、一緒に遊ぼう」

アダムはその黒土に触ってみたい衝動に駆られます。そして、よく熟れた果実を味わいたいと思いました。

誘惑する声の言う通り、それは見事な黒土です。触ると温《ぬく》みが伝わってきます。そして黒土が育む果実の美味しいことといったら。食べ続けていると不思議なことが起こりました。アダムのお尻の穴からりっぱな黒土がモコモコと漏れ出るではありませんか。

「僕にも黒土がつくれるんだ！」。アダムは歓喜の声をあげます。食べては黒土をつくる。食べては黒土をつくる。それはとても気分がいい。我を忘れる気持ちよさです。気が付くとアダムは見事な黒土になっていました。

「アダムよ、どこだ？」

土になったアダムを見つけた神様は叫びます。

「おお、アダムよ、おまえがエデンの園だったのか！」

おしまい。

妄想に満ちたお手紙になりました。ご笑納いただければ幸いです。早いもので一年が終わりますね。Ｚｏｏｍとお手紙、それぞれに味がありますが、リアルにお会いして話をしたい気分です。発酵食品をつまみながら。

8 通目

伊藤からのお手紙
←
2020.12.21

→ 村瀬さんへ

内なるラジオ

先日、ある贈り物をもらいました。相手は別に贈ったつもりはなかったかもしれませんが、私にとってはすでに大切な宝物になっています。

それは、私が最近書いた『手の倫理』という本の一部を、一語ずつ縫うように丁寧に読み上げた朗読音源です。声の主は知人のチョン・ヒョナンさんで、以前にも登場してもらった全盲の西島玲那さんのために、本の最初から一章ずつ音読しては、玲那さんに送ってくれていました。それを、私も横流し（?）してもらったのです。

チョンさんはプロの朗読家ではないですし、宛先が決まった私家版ですから、読みながらときどきつまったり、余計な言葉が入ったり、言い淀《よど》んだりします。指向性のいいマイクを使っているのか、チョンさんの目が本のページを追うにつれて、顔つまり音源の向きが少しずつ移動しているのを感じることができます。不思議なのは、息つぎをするたびに、なぜかチョンさんの手のイメージが浮かぶこと。チョンさんは長いこと病気とともに暮らしていて、体にしびれがあるので、呼吸にも少し震えが混じっているように感じられます。

ピアノに詳しい人は、弾いている音からその人の手の大きさや体型がわかるそうですね。たぶん声も同じだと思います。いや、声のほうがもっと直接的に、その人の体の質や、全身の動きが伝わってくるかもしれません。性格や職業、生まれ育った地域などがその人のしゃべり方に反映することもありますから、声には生きてきた時間そのものも含まれていると言えそうです。

声に含まれている情報を解凍したいとき、私はよく文字起こしの作業をします。自分で書いた文字が声になったものをまた文字に戻す。傍からみたらずいぶんおかしな作業なのですが、今回もやってみました。字面《じづら》は同じですけど、本に書いた文章と、チョンさんの声を起こした文章は、全然違うんですよね。

前回の村瀬さんのお手紙に、たくさんの声が含まれていることに興味を惹《ひ》かれました。数分おきに「今日は迎えに来るとじゃろか？」とよりあいに電話をかけてくるお婆さんの声。その電話越しに聞こえる、「何回電話しよるとか！」と怒鳴るお爺さんの声。お婆さんの声が今度は公衆電話からになり、かと思えば眼鏡が見つからないお爺さんが「すっまっしぇん」とよりあいに電話をかけてくる。そもそもお年寄りと電話を介したやりとりがあるということを想像していませんでした。

素敵なカレル・チャペックの続編でも、アダムはいろいろな声を聞いています。「果実を熟れさせる黒土があるよ」と誘惑する声。「わたしらしさ」にとどまらせようとする声。アダムは声に導かれるようにして黒土のほうへ向かい、最後には神様が「おまえがエデンの園だったのか！」と叫びます。黒土をつくり出す「モコモコ」も、きっとお尻の声ですね。

お手紙の末尾に「リアルに会って話をしたい」と書いてくださっていますが、私もお会いして確認したい気持ちでいっぱいです。村瀬さんはよくよくご存知なわけですよね。お爺さんの「すっまっしぇん」がどういう発音なのか。何度言おうとしても、「ま」のあとの「っ」の難易度が高くて、うまく息つぎができません。お婆さんの「今日は迎えに来るとじゃろか?」も、ものすごい早口な気もするし、ものすごーくゆっくりな気もする。福岡の方言なのでしょうか、「歯がいかけん」に至っては意味もわかりませんでした※1……。あと、お尻の「モコモコ」も、きっと、お年寄りのウンチが出たときの村瀬さんの喜ばしい感覚を表現した声なのではないかと思います。そこには字面からはわからない、昼下がりの光とか、遠くで聞こえる小学生の声とか、トイレに籠《こも》る匂いとかがあったのではないかと思います……。

声にはずっと関心があります。

特に最近は、オンラインで人と話すことが多いので、存在感が希薄な分、声の印象が強く残るように感じています。

チョンさんと玲那さんも、その他数名の友人と一緒に、毎月一回、オンラインで集まって三時間くらいおしゃべりをする仲間なんです。「コロナ・ビールの会」という名前の会で、新型コロナウイルスの感染拡大以降に始まった集まりです。

月に一回という定期開催の感覚が面白くて、そうすると、会と会のあいだも、なんとなくつながっている感じがするんですよね。「次回のコロナ・ビールの会まであと十日だな、あの人は病院に行くって言ってたけど、どうしたかな」みたいに。

他のメンバーも同じ気持ちのようで、どんどん「分科会」ができ始めました。全員で盲導犬の看取りを支えたり、数名で分身ロボットを使っているメンバーと一緒に展覧会を見に行ったり、松島から活〆マダコを取り寄せてたこ焼きパーティをしたり。ケアのような遊びのような研究のような活動がたくさん生まれて、コロナ・ビールの会が、報告会のような感じになってきました。

コロナ・ビールの会は、声によってつながった「月イチ」の関係ですが、よりあいは、体ごとの付き合いが基本の「毎日」ですね。月イチと毎日では、一緒にいることの意味が違うのだと思いますが、それでも「定期開催」という今まで苦手だったものの面白さを感じ始めています。「次」を約束することが、接続と切断をつくり出し、そこから利他やケアが生まれているような気がしています。

お年寄りたちは、どんなふうに他の人の声を聞いたり、自分の声を出したりしているのでしょうか。

ピエール・パシェというフランスの文学者が、自身のお母さんが老いていく姿を見つめています。パシェのお母さんは百歳を超える年齢なのですが、とにかくよくしゃべる方なんです。というか、黙ることができなくなってしまった感じ。たぶん、そこには通常の意味での「しゃべる」とはちょっと違うことが起こっているのではないか、とパシェは考えます。

パシェが電話をかけると、お母さんは、「今ラジオですごく面白い番組をやってた」と言うんです。ところが、その番組の内容をよくよく聞くと、彼女の若い頃の話なのですね。つまり、お母さんにとっては、自分の過去の出来事が思い出として湧き上がってくることと、ラジオから聞こえるDJの声が自分に語りかけてくることが、経験としてかなり近いものになっているらしいのです。パシェの言葉を借りるなら、お母さんの中には「内なるラジオ」があるらしいのです。

真先に自分自身に関与している思い出を物語りはじめるとき、彼女は自分のなかからお話が湧きでるのを感じるのではないだろうか、ラジオの放送局がいくつもあるように、お話の放送局がいくつもあって、そこにいけばいくらでもお話が汲みだせる、無限に汲みだせると感じているのではないか。

（ピエール・パシェ著、根本美作子訳『母の前で』岩波書店、二〇一八年、一〇頁）

パシェのお母さんは、もともと話をするのがうまかったのかもしれませんね。私自身は、自分の体験談を初めて人に話すときに、伝わらないのではないかという不安で胸がいっぱいになってしまい、出来事と言葉のあいだの裂《さ》け目にひゅーっと落ちるような感覚になります。でも、自然に言葉が出てくる人であれば、あるいは私のような人間でも何度か言葉にして語った話であれば、自分の中にラジオがある感覚になるというのは、なんとなくわかるような気がします。私の同僚が、自分で授業をしながらいつも全然違うことを考えていて、気付くと授業が終わっている、と言っていたことを思い出しました。

パシェのお母さんが面白いのは、この内なるラジオに、彼女自身がわくわくしているところです。「自動再生」しているのではなくて、「リスナー」なんですよね。その証拠に、パシェがタイミング悪くラジオの放送中に電話してしまうと、お母さんは早く切りたそうなそぶりを見せるのだそうです。

とにかく彼女ははやくふたたび言葉の列車・調子に乗りたいのであり、あまり長く引き止められたくないのだ。それは彼女の人生の列車・調子だ。乗車しているのはもはや彼女独りで、その車輪の音の伴奏する物語を聞いているのも彼女独りだ。

（同前、一七頁）

8通目 → 内なるラジオ（伊藤亜紗）

お母さんは、内なるラジオを聴きながら、「ノって」いるのではないかと思います。音楽を聞きながら散歩したり作業したりすると楽しい気分になるように、聞こえてくる声に身を任せる心地よさを味わっている。自分で自分に巻き込まれている、あるいは自分で自分をケアしているのかもしれません。これは、吃音の人が演技をしながらだとどもらないのとちょっと似ているなと思いました。

声のうち、言われる言葉の字面に注目すると、情報の伝達という一方向のベクトルが見えます。でも、リズムという音楽的な側面に注目すると、言う人と聞く人の区別があまりなくなりますね。ノっているときには、聞こえてきた歌をただ聞いているだけではすまなくなって、自分でも口ずさんだり、首や足で拍子をとったりし始めるものです。

実際、パシェのお母さんにとって、リズムはとても重要な要素であるようです。短い言葉に節をつけて言ってみたり、テーブルや布団を叩きながら話すことがあるのだそうです。

> しばしば、いくつかのことばがフレーズ、あるいはフレーズの断片を形作り、意味をもつように思えても、彼女のやり方でもっともすごい点はなんらかのイントネーション、なんらかのリズムを彼女が求めているように思えるところだ。いくつかのことば（たとえば（mama, ママ）は彼女に、拍をつけ、抑揚を与え、リズムをもたせることを可能にする（ma-a-ama)。あるいは意味やことばの作成や展開に無頓着な様子でことばをどんどん発しな

がら、指で元気よく、小さなテーブルや布団、椅子の肘やわたしの傷んでひどく過敏になっている手を叩く。このリズム付けに彼女は大きな満足を覚えるらしいのだが、その満足はどうやらだれとも共有したくないようだ。わたしがその流れに乗って答えようとすると、彼女は苛立ち、やめるか非難する様子をみせる。

（同前、九六頁）

「意味やことばの作成や展開に無頓着な様子でことばをどんどん発しながら」というのは、歌うということなのでしょうね。私が以前接したお年寄りも、話していると自然と歌になったり、手が踊り始めたりする方がいたことを思い出します。でもパシェのお母さんの場合には、リズムは自分だけのものなのですよね。そこに他人がノろうとすると嫌がる。パシェのお母さんも、園芸家のようにリズムを手入れしている感覚なのかもしれません。

リズムと特別な関係を結んでいるお母さんと会話するのは、きっと不思議な経験だと思います。お母さんの話す言葉は、彼女の意思のあらわれなのか、リズムが彼女にしゃべらせているのか、読み取るのはほとんど不可能に思えるからです。

もちろん、お年寄りでなくても、意味でなくリズムで話すということはけっこうあるように思います。また吃音の話になってしまいますが、私は、言いにくい単語があっても、別の人が直前にその単語を言ってくれると、なぜかすっと言えるんですよね。「フライ返し」が言えないなと思ってもじもじしているときに、「フライ返しある？」って言われると、「フライ返しね、はい」って渡すことができる。自発的には言えないけれど、他人につられながらなら言える。だから言いたいこととは別に、つられることを優先してしまうことがあります。ずっと韻を踏みながらしゃべれたら楽なんですけどね。

ここまで考えても、結局「すっまっしぇん」や「今日は迎えに来るとじゃろか？」がどんな声なのかはわかりませんでした。ぼけとリズムの関係、自発的なものとつられているもの、ノることとケアすること。声が人を触発したり、情報を侵食したりするメカニズムにとても興味があります。

余談ですが、細《ほそ》馬《ま》宏通《ひろみち》さんという人間行動学の研究者が、「詩の練習」というポッドキャストをやっていらして、※2よく聞いています。その一二回目の放送の中で、「さざんがきゅう（3×3＝9）」がすごいという話をしていました。口の運動の快楽としては、あそこが九九のクライマックスではないかと。確かにゾロ目はドラマチックですね。私は「はっぱろくじゅうし」あたりもいいなと思ったりします。村瀬さんはどの九九が好きですか？

※1　福岡の方言で「歯がゆい」の意。
※2　「詩の練習」細馬宏通　https://anchor.fm/hiromichi-hosoma/episodes/001-emefub

9 通目

村瀬からのお手紙 ←

2021.01.09

体に棲みつく声たち

→ 伊藤さんへ

好きな九九。初めて聞かれました。あえて言うなら「さんごじゅうご（3×5＝15）」かな。昔、夫に脳トレする妻が「にご（2×5）は？」と尋ねたとき、「バカ言うな、俺には2号はおらん」と言ったお爺さんを思い出しました。

僕にはお年寄りに尋ね直したい声が山のようにあります。「おはようございます」と挨拶する僕の顔をみて「ああ、あなたはうみからあがってきたばかりだからね」と言ったお婆さん。あの意味は何ですか。「うみ」とは「海」ですか。まさか「膿」ではないですよね。「海」ならばなぜ海ですか。僕は魚に見えますか。タコに見えましたか。もしかして、聞く人を求めないただの呟《つぶや》きだったのでしょうか。

いろんな声がありました。繰り返される声、一回きりの声。歌のような声。芝居のような声。祈りのような声。心地のよい声。嫌な声。

「いたい、いたい、というたなら、だいじょうぶ、だいじょうぶというでしょう。だいじょうぶ、だいじょうぶ、せんせいがいうたなら、いたい、いたいというでしょう」。痛みを訴えるお婆さんに医者が答える、という繰り返しを歌っていると思いました。

「め〜は、こまかじゃどん、め〜は、みえるたい」。これを超高速で繰り返すお婆さん。「目は細かじゃどん、目は見えるたい」。「じゃどん」は鹿児島弁。かなり軽妙な節回しで抑揚のあるリズムです。分厚いレンズの眼鏡をかけていました。レンズの奥には拡大された目がギョロリとしているのですが、眼鏡を外すとイトミミズのような目が所在なく付いています。あの目をめぐりお婆さんはどんな経験をしてきたのだろうか、思いを馳《は》せます。

「わたくしはマサエともうします。もったいじまのくだりくちでございます。おちかくにおいでのさいは、どうぞ、およりくださいませ。おちゃでもごよういいたします」

「ありがとうございます。お邪魔してもいいですか」と絡んでみるのですが、返事はない。僕の声はマサエさんに届いていない感じでした。

「『マサエー、おまえのはなはおっぺしゃん』。おっぺしゃん、おっぺしゃん、といいながら、ちちはわたしのはなをおしますと。まあ〜、わたしのはなはおっぺしゃんじゃなかばい」。淀みなくしゃべります。

ちなみに「おっぺしゃん」とは「潰《つぶ》れている」という意味です。お父さんが「マサエ、お前の鼻は潰れとるなぁ」と言いながら指で鼻を押す。「潰れてないよ〜」とマサエさんが言い返す。

父と娘がじゃれ合う風景が見えます。その声には嬉しさが溢れていました。

マサエさんはいつもベッドの上で体育座りをしています。職員が入室すると「おばしゃん」と呼びます。その声は高くて、愛らしく、歯切れがよい。つい真似をしたくなるんです。どの職員も同じ心境みたいでマサエさんと同じ口調で「おばしゃん」と呼び返すと「なんばね」(なんですか)と答えます。


僕が二十代の頃のお婆さんたちです。

毎日のように繰り返される声もあれば、その時かぎりの声があります。

「こうのいのねのそのにきがいたい」。九十歳を過ぎたお婆さんが呟き続けています。はじめは歌かと思いました。

「こうのいのねのそのにきがいたい」

呪文のようにも聞こえます。

「こうのいのねのそのにきがいたい」

よく聞いていると「こうのいのねのそのにきが、痛い」に聞こえてきました。

「『こうのいのねのそのにき』が痛いんですか」と僕。

「そう」とお婆さん。

「『こうのいのねのそのにき』ってどこですか」と僕。

9通目 → 体に棲みつく声たち(村瀬孝生)

「そう」とお婆さん。

僕は「ここですか」と頭を触ります。

「そう」とお婆さん。

看護師さんがやってきて「頭が痛いと？　どんなふうに痛いとかいな」と尋ねました。

「うんにゃ（いいや）」とお婆さん。

東洋医学をむねとするお爺さん先生がやってきて、お婆さんを触診しました。先生は「ここか」「ここか」と言いながら丁寧に触ります。お婆さんは「そう」と言ったり、「うんにゃ」と言ったりで要領を得ません。「まあ、様子を見ておきなさい」といって先生は帰ります。診察後に「こうのいのねのそのにきがいたい」を言わなくなりました。あのときは先生の触診で「痛み」が霧散したのだと了解しました。

「こうのいのねのそのにきがいたい」。実はあれが何だったのかいまだにわかりません。言葉なのか。歌なのか。痛みの表現だったのか。三十年前の言葉を僕が明確に覚えていられることも不思議です。「こーう↗の、い↗のねの、その、にき、がいたい」。文章では表現し難い節が付いていて、その声が僕の耳に付いてしまいました。

「こうのいのねのそのにきがいたい」。最初は言葉となって僕の頭に棲みつきました。やがて、歌となって体に浸透しました。ふと気が付くと「こうのいのねのそのにきに〜」と僕なりのアレンジが加わって歌っています。それは口を衝《つ》いて出ます。確かに僕が歌っているのですが、お婆さんが歌わせているのかもしれません。お婆さんの声を歌う僕は、歌いながらお婆さんの声を聴いています。僕にも「内なるラジオ」があるのかもしれません。

職員にもある声（ことば）が棲みついていると言います。それは「まんがんがんじー」。九十七歳のお婆さんの口からでたものです。「『まんがんがんじー』って何なんですかねぇ」。職員はいまだに考えるそうです。「まんがんがんじー」は一回きりで繰り返されることはありませんでした。この話はよりあいのお婆さん。

いつの日か職員の口が「まんがんがんじー」と呟く日が来るかもしれません。それを聞いたいまだ見ぬ他者が「『まんがんがんじー』って何なんですかねぇ」と、今度はその人に棲みつくかもしれません。お婆さんが発声した「まんがんがんじー」はお婆さんの声を真似た職員の声となっていまだ見ぬ他者の体に棲みつき、その人の声となって生まれ出る。言葉ではたったひとつの「まんがんがんじー」ですが、声になると無数の「まんがんがんじー」が発生します。声には無数の他者が背後にいるようです。もはやこのような営み自体が知恵の生成に関わっているようにも思えてきます。

「まんがんがんじー」。エジプト古代、第四王朝のファラオであるクフ王が死の間際に発した言葉であったならば、この声をめぐりたくさんの考古学者がさまざまに論考し解明のために多くの時間を割くのかもしれません。そう思うと「こうのいのねのそのにきがいたい」も「まんがんがんじー」もまだ解明されていない声のひとつです。「こうのいのねのそのにきがいたい」が卑弥呼《ひみこ》の声という可能性だってあります（笑）。

ここまで書いて思ったのですが、今、起こっている出来事を過去に結び付けて了解する癖が僕たちにはありますね。でも、それだけでは腑に落ちない「しゃべり」がぼけの深いお年寄りにはあります。たとえ、過去の出来事をしゃべっていても、そのしゃべりはセピア色ではないリアルさを感じるんです。

あれは、回想ではなく今まさに目の前で起こっていることだと思えます。つまり、ぼけの深い人が再生する記憶の解像度は僕らの想像を超える高さがあるんじゃないか。解像度の高い記憶が再生されるきっかけは、今の実感にあると思います。花の香、風の音、声のリズム、肌の感触、目に映える色たち。今をとらえる力においてもその強さは僕たちの想像を超えている。過去から生じる「しゃべり」ではないように感じます。彼らは過去や未来に囚われがちな僕たちよりイキイキと今を生きている、はずです。

繰り返されるのは自分をケアする居場所としての「しゃべり」だからかもしれません。

ぼけの深い人の「しゃべり」ってやっぱり不思議です。七九億の人がいるならば、七九億の老いとぼけの営みがあるのでしょう。

ピエール・パシェのお母さんのように交流の「し難さ」を感じる「しゃべり」には引き込ま

れてしまう魅力があります。ぼけの深いお年寄りは自分のことでも「他人事」といった雰囲気が漂います。

「今日のご飯は美味しかったですか」と尋ねると「ああ、そうですか」と答える。それを「知能が低下した状態」から生まれる「しゃべり」では片づけられない気がしています。発語の少ないお年寄りも、言葉の意味からではなく声のトーンやリズムで、相手にある雰囲気（快・不快、敵味方）を察知しているようです。それらは、長い人生と老いの営みを生きぬいた結実であると思えるんです。

「老いのさなか」は「たゆまない機能不全のさなか」という側面もあります。思うに任せない状況が深まっていくのですから、自分のことで精いっぱいで、他人《ひと》どころではないようにも見えます。

母は両手を広げ必死でバランスを取りながら歩きます。すり足でヨロヨロと前進する。家にいながら綱渡りをしているようです。家具や椅子をしっかりと摑《つか》みながら歩く姿は崖を登っている感じです。自宅内ロッククライミング。座るときは重力から大内刈《おおうちが》りをかけられているように見えます。家の中でも命がけ。外では他者の介添えを求め自ら手を差し出すようになりました。

時間の見当がつきづらく、記憶が覚束ないので予定をとても気にします。どんなに考えても予定がわからない。それに伴って今何をするべきかがわからない。そのようなときに僕が登場すると「あなたのことを考えていたら、一発でつながった！」と安堵の声をあげます。まさに「渡りに船」です。

自分を他者に委ねることで行為を取り戻している（他者を取り込んで再構成する）と思えます。それでもなお、二人で「ひとつの行為」を成り立たせるとき、お互いの心と体が「抗い」を生じさせます。他人どころではない状況で他人に身を委ねているのですが、「抗い」に出会うことで、改めて他者を感じ直さざるをえない。それって、どんな感じなんだろう。

互いの「抗い」をケアし合う中で自意識は変化するのかもしれません。介助を必要とする「わたし」と介助する「わたし」。二人称の「わたし」が生まれる。ときには一人称の「わたしたち」が孕まれる。

「かいさんしましょう、そうしましょう」。九十九歳のお婆さんが呟くようになりました。「解散しましょう。そうしましょう」と聞こえます。それは自宅でも起こるようになりました。お婆さんをご自宅までお迎えに行くと「今日は四人います」と言って娘さんが送り出すのです。お婆さんの中に複数の他者が棲みついたようでした。

「かいさんしましょう。そうしましょう」とお婆さんが発する直前にも「呟き」のあることに気が付きます。「ああ、お腹が空いたね」とお婆さんが呟く。そして、一呼吸おいて「わたくしも」「わたくしも」「わたくしも」と三回続けてしゃべるのです。終わりかなと思うと最後に

「わたくしは空いておりません」としゃべる。すると「かいさんしましょう。そうしましょう」が出てきます。「わたし」の中の「わたしたち」が合意できなかったようでした。

なぜこんなことが起こるのでしょうか。不思議で仕方ありません。マイブームのように続いたかと思うと、ある時期からピタリと呟きが無くなりました。お婆さんの中で何が生成され、分解したのでしょうか。

そのような交流し難いお年寄りほど、交流したい衝動が僕らに生まれます。

未婚の女性職員のひとりが「私、結婚できますか」とお婆さんに尋ね始めたのです。答えはいつも「できない」のひと言です。言葉の抑揚や強弱をお伝えしたいのですが難しいなぁ。「でき〜、ない」。「でき」は意味ありげにゆっくり。「ない」はそそくさと切り上げるように「でき」より少し早めで強く言いまわす感じです。伝わったかなぁ。

何度尋ねても「でき〜、ない」と言うお婆さん。「できる」と言ってほしい。職員は闘志を燃やします。それを見ていた、他の職員が参戦し始めます。「私こそ」というオーラを放ちながら。誰が挑戦してもお婆さんの答えは「でき〜、ない」でした。

すると職員同士の意見交換が始まります。いつも「できる？　できない？」と尋ねているから順番を変えてみよう。質問の終わりが「できない？」なので最後の言葉が耳に残ってオウム返しになっているのではないかという推理でした。

「できない？　できる？」。お婆さんの返事は一貫して「でき〜、ない」でした。すると職員たちは「私たちを『からかっている』に違いない。ヤキモキする様子を面白がっている雰囲気がある」「そうそう、私も感じる」とミーティングが女子会のようになるのです。交流というより、交信する手立てを探しているようでした。

交流し難さがあるかと思えば、どストライクに介入してくることがあります。「夜の会合に出たくない。でも僕が提案したことだから……でも、嫌だな」と心の中で葛藤していたときのことです。お婆さんが「いきなさい」と言いました。「行きなさい」。そう聞こえました。こんなことってあるだろうか。まるで、僕の心を見透かすような……。いや待てよ、お婆さんは違う言葉を呟いたのではないか。たまたま葛藤のさなかだったので、僕の耳が自分に引き寄せて「行きなさい」と変換したのではないか。いろいろと考えますが、ただの偶然とは思えないどストライクは、少なくありません。

長いお手紙になりました。お年寄り同士の「しゃべり」も面白いのですが、話が尽きないので、今日のところは終わりにします。

あっ、それと「すっまっしぇん」を「すん、まっしぇ〜ん」で発声してみてください。健闘を祈ります。

10
通目

伊藤から
のお手紙
←
2021.02.05

どこまででもいける、いま・ここ

→ 村瀬さんへ

にぎやかで楽しいお返事をありがとうございます。村瀬さんの中には、ものすごくたくさんの声がありますね。お腹に聴診器を当てたら、謎めいた声があちこちから聞こえてきそう。こうやって文通をさせていただきながら、私は村瀬さんの中のお爺さんやお婆さんともお話をさせていただいているんだなあ、と思いました。

居場所としてのしゃべり。この場合の「居場所」とは、自分をケアしようとするお年寄りにとっての居場所であると同時に、棲まうべき体を探し求める言葉にとっての居場所でもありますね。

「こうのいのねのそのにきがいたい」
「まんがんがんじー」
「かいさんしましょう、そうしましょう」

私の中にも来てくれないかな、と思います。早くこれらの言葉を体の中に飼いたいです。いや、むしろ飼われるのかな?

兄弟がいなかったので、子どもの頃はいろいろなひとり遊びを開発していました。そのひとつが、「ビジネス書ゲーム」。まず、近所の本屋さんに入って、ビジネス書コーナーで本をパラパラと立ち読みします。すると、いろんな人生訓といいますか、パワフルな格言が踊っています。そのうちのいくつかを覚えておいて、その言葉に数日、自分を乗っ取らせるんです。

「敵の逃げ道をつくってから攻めよ」(豊臣秀吉)
「人生はクローズアップでみれば悲劇だが、ロングショットでみれば喜劇」(チャップリン)

子どもなので、ほとんど意味はわかっていません。格言には逆説的なものも多いので、「なんで?」と思うようなものもしばしば。

でも、意味がわからないもの、信じられないものだからこそ、それに従うことがゲームになったんですよね。鬼ごっこをするときにわざと敵を逃げやすくしてみたり、自分の人生は映画なのだというつもりで給食を食べてみたり。英雄たちの言葉に自分の体を貸し与えて、退屈な自分をケアしていたのかもしれません。

お年寄り同士のしゃべりの話、ぜひうかがってみたいです。

前にも対談でお話ししたかもしれませんが、私が最初にぼけの時間感覚や空間感覚に興味をもったのも、お年寄りとおしゃべりしたことがきっかけでした。

案内してもらって京都の施設を見学しました。あるお爺さんに出会い、「伊藤です、新横浜から新幹線に乗って来ました」と自己紹介しました。すると、そのお爺さんが、突然人事の話をし始めたんです。聞けばそのお爺さんは、もともと小学校の校長先生をされていた方だそう。どうやら私を新しく赴任してきた新人の教師だと思われたようなのです。

いつも暮らしているところにいきなり知らない人があらわれたら、誰だってびっくりしますよね。でもそのお爺さんは、「横浜から来た」という情報を旧知のシチュエーションと即座に組み合わせて、納得可能な解釈を与えました。かなり外した変化球を投げてしまったのに、「外れてるじゃん」と無視することなく、カメレオンのように舌を伸ばしてするりとキャッチしてくれた。そんな感じがしました。

前回のお手紙で、村瀬さんが「解像度の高い記憶が再生されるきっかけは、今の実感にあると思います」と書かれていました。「花の香、風の音、声のリズム、肌の感触、目に映える色たち。今をとらえる力においてもその強さは僕たちの想像を超えている」。本当にそうだなと思います。現在のさまざまな刺激に対して、むしろお年寄りのほうが無防備なほどオープンなのではないか、と感じることがあります。

お年寄り同士、あるいはお年寄りとのおしゃべりでなくても、そもそも会話というのは不思議なものですよね。

以前、子どもと歩いていたとき、藪《やぶ》から棒に書初《かきぞ》めの話を始めました。何かと思ったら、ワンブロック先にスーパー銭湯の看板が見えたんです。たぶん子どもは、お風呂をあらわす巨大な楷書《かいしょ》の「ゆ」を見て、お正月の宿題のことを思い出したのだと思います。

会議のようにアジェンダが明確な場面での会話であれば、まだ流れが整理されています。でも食事中の雑談や、街を並んで歩くときのおしゃべりとなると、話はあちこちに飛ぶほうがむしろ自然です。

普段自分たちがしている会話がどのくらい飛んでいるか確認したくて、数年前に夫との自宅での会話を書き出す作業をしてみました。ほんの十秒程度の会話です（図1）。たぶんこれだけ見ても、何の話だかさっぱりわからないと思います。我ながらよくこれで成り立つなと思うくらい、噛み合っていません。でも本人たちは、これでちゃんと意味が通じたつもりでいる。

もちろん夫婦だから、という事情もあると思います。夫婦であれば、いろいろなことが省略されます。けれども、夫婦でなくたって、まったく飛躍のない会話というのはおそらくないでしょう。だからこそ、あとから振り返ったり、その状況から切り離したりしてしまうと、何のことだかよくわからなくなる。「複雑」と言うべきか単に「雑」と言うべきか、そのくらいス

〈図1〉

（夫）　そういえば、うちの近くにね、

（妻）　どのうち？　東金？

（夫）　いやいや、でもほんとよくあんなにすぐ車乗れるなと思って。

（妻）　アーリントン？

（夫）　東金とか言うからさ、

（妻）　ほんとにそうだね。

（夫）　簡単に言うと魚屋があるんだよ。

カスカでアブストラクトなキャッチボールを私たちはしています。

図1の会話を、トピックごとに整理してみたものが図2（次頁）です。

この図を見ると、私と夫はこのとき三つのトピックについて同時並行に話していたらしいことがわかります（図では、トピックごとに、発言を塗り分けています）。しかも、その三つのトピックは、相互に絡まり合ってもいました。そのため、ひとつの発言が複数のトピックにまたがっている場合もあります。

第一のトピックは、「アーリントンに魚屋がある」（A）。「アーリントン」とは、アメリカのボストンの郊外にある町のことです。私たちはこの会話の時点では東京に住んでいましたが、もうすぐ仕事の都合でアーリントンに引っ越すことになっていて、そのための準備をしていたのでした。

結論からいえば、夫はただ「アーリントンに魚屋が

〈図2〉

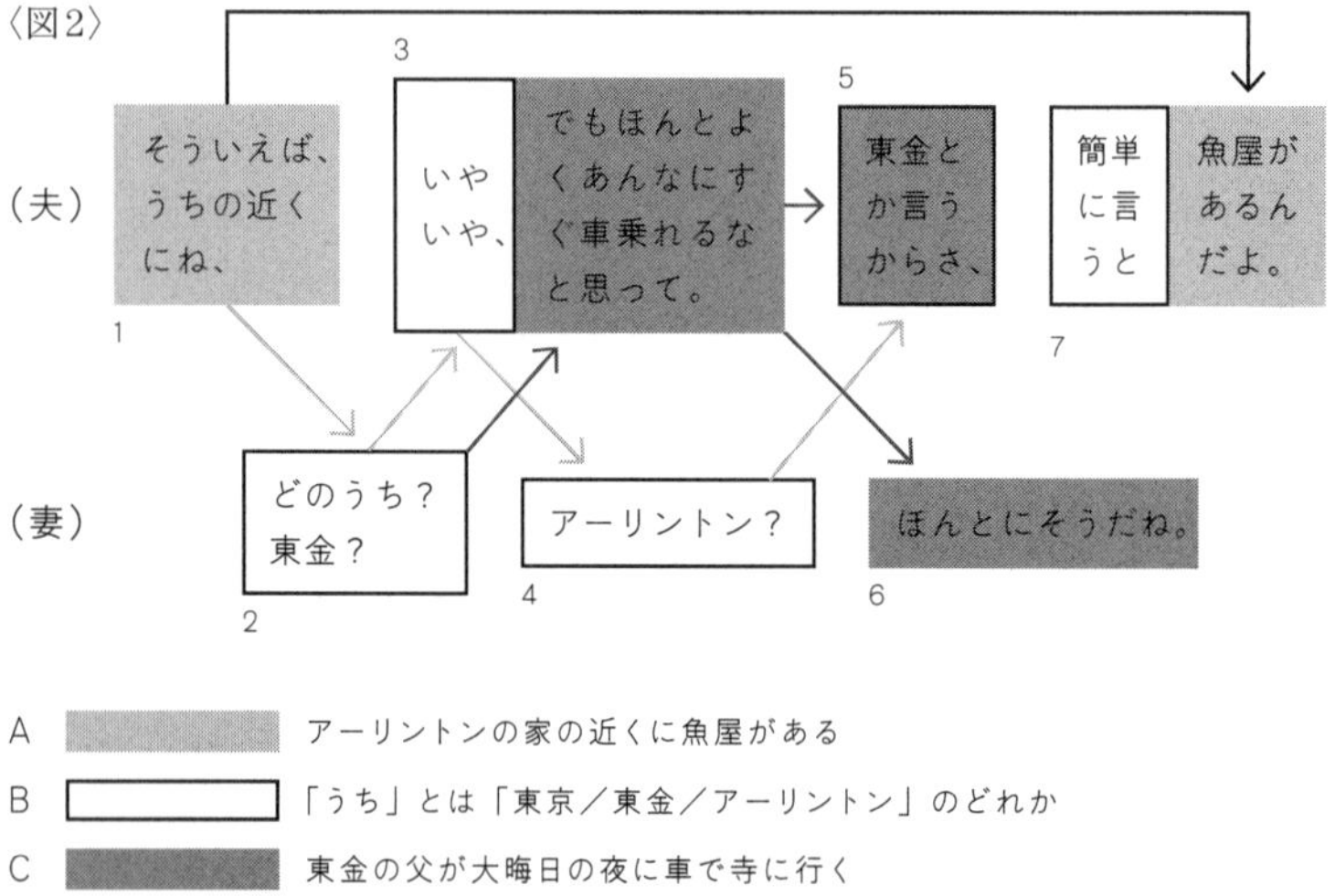
（夫）
（妻）
1
そういえば、うちの近くにね、
2
どのうち？東金？
3
いやいや、
でもほんとよくあんなにすぐ車乗れるなと思って。
4
アーリントン？
5
東金とか言うからさ、
6
ほんとにそうだね。
7
簡単に言うと
魚屋があるんだよ。
A
アーリントンの家の近くに魚屋がある
B
「うち」とは「東京／東金／アーリントン」のどれか
C
東金の父が大晦日の夜に車で寺に行く

ある」ということを妻に伝えたかっただけでした。昼間のうちにネットで調べて情報を得たのでしょうか、アメリカに引っ越したら肉しか食べられないのではないかと恐れていた妻への朗報として、その事実を伝えるつもりでした。

　ところが二番目の妻の発言で、夫の目論見は狂い始めます。「どのうち？　東金《とうがね》？」。夫の「うちの近く」という発言を受けて、妻は「うち」がいったいどの家を指しているのかわからなくなりました。これが第二のトピックとして立ち上がります（B）。

　妻からすれば、夫の発言はあまりに唐突でした。夕食後にソファーに寝転がってテレビを見始めた夫。突然「うちの近く」と言われても、何の話だかわかりません。

「東金」とは、夫の実家がある千葉の町です。

この会話がなされたのは一月で、年末に一家で東金に帰省したばかり。妻の脳裏には、この時点で「東京」「東金」「アーリントン」という三つの「うち」の候補がある状態でしたが、帰省から戻ったばかりというタイミングを考えて「東金?」と鎌をかけたのでした。

驚くべきはその次、三番目の夫の発言です。妻の「東金?」を受けて、すぐに「いやいや、アーリントンだよ」と明確に否定していれば、夫はすぐに魚屋の話に行けたのです。ところが夫は、「いやいや」といったんは否定したものの、あろうことか「東金」の話を始めるのです。第三のトピックの登場です(C)。

夫がここで思い出しているのは、東金の父のことです。父は毎年大晦日の夜になると、檀家《だんか》になっている近所のお寺に出かけていって、除夜《じょや》の鐘《かね》の手伝いをします。もう高齢ですが、毎年のこの習慣は欠かしません。

お寺へは車で出かけます。それまでは紅白歌合戦を見ながらウトウトしていたのに、十一時近くなるとパッと目を覚まして身支度を整え、車の鍵をポケットに入れて寒い中出ていく。「もう引退したら」というのが夫の密かな意見なのですが、父にとってはやりがいがある仕事のようで、ずっと続いています。

ところが妻はその思い出語りに付き合いません。まだ「うち」問題が解決していないからです。大晦日の父の話題にはのらずに、自分の質問に答えてくれるように、改めて夫に促す。それが四番目の妻の発言「アーリントン?」です。その前の発言で東金説が「いやいや」と否定されているので、こんどは別の候補を出してきたのでした。

するとと夫はそこに、詰問するような調子を読み取ったようです。自分が妻の質問に答えずに大晦日の父の話をしたのは、おまえがそれを思い出させたからじゃないか。五番目「東金とか言うからさ」には反論の雰囲気があります。この発言は「うち」についてのトピックでもあり、かつ「大晦日の父」について話したことへの言い訳でもあるので、BとCの両方で塗りました。

夫の反論に押された妻。しかし言葉で「ごめんね」とは言いません。代わりに六番目の発言で「ほんとにそうだね」と同意します。ただしこれは、夫が大晦日の父の話をしてしまった原因は自分にある、という同意ではありません。そうではなくて、三つ前の夫の発言「ほんとよくあんなにすぐ車乗れるなと思って」に対して「確かにあのお父さんの切り替えはすごい」と同意しているのです。

つまり、夫の反論に対して、放置してしまった夫の発言を今になって受け止めるという形で、フォローしているのです。三回ウラに投げられたボールを四回ウラになってから打つ……そんな感じでしょうか。

受け止められたと感じて溜飲《りゅういん》を下げた夫は、七番目の発言でようやく本題に入ります。「簡単に言うと魚屋があるんだよ」。「簡単に言うと」というひと言が、なんだか涙ぐましく感じられます。逸脱につぐ逸脱で、ふたつの余計なトピックを生み出したものの、逸脱もまた回収されないと成仏できないんですね。

でも読み返すとやはり不思議なのは、「うち」が「アーリントン」のことであるという答え合わせが一度もなされていないことです。夫が五番目の発言で、その前の「アーリントン？」を否定しなかったことが、暗黙のうちに「ＹＥＳ」を言った・言われたと解釈されたのでしょう。ひとつの発言の中で、言っていないこともまたメッセージになっています。

図3（次頁）は、この会話の三つのトピックの変化だけを抜き出したものです。三つのパターンが、切り離されたり、混じり合ったり、撚《よ》り合わされたりしながら、会話が進んでいることがわかります。

改めて、トピックとは不思議なものです。甲さんはａということについて話しているつもりでも、同じ言葉が乙さんにとってはｂについての話になりうる。それでも話が通じるんですよね。

言語学者たちも、トピックの定義については非常に手を焼いているようです。「ここからここまで」と区切れるような単位があるわけではなく、またあとから再現することが不可能。言語学の領域では、ひとまず、「トピックは流れである」と考えられているようです。流れであるかぎり、一部だけ取り出すと意味が変わってしまう。確かに「発言」は引用できるけど、「話題」は引用できないですよね。

コミュニケーション論が専門の串田《くしだ》秀也《しゅうや》は、トピックが、「その場にいた人にしかわからない」

〈図3〉

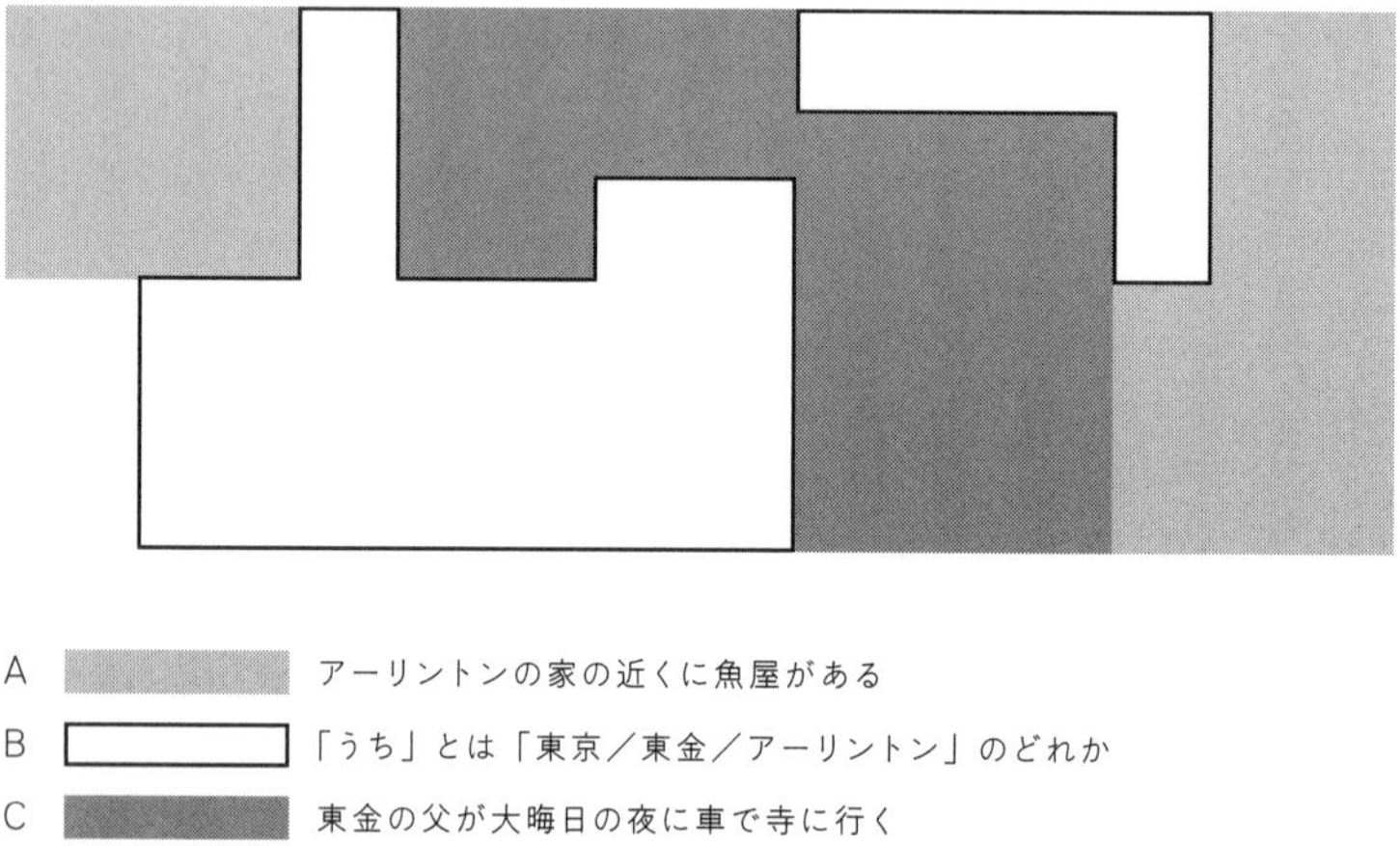
A
アーリントンの家の近くに魚屋がある
B
「うち」とは「東京／東金／アーリントン」のどれか
C
東金の父が大晦日の夜に車で寺に行く

という「いま・ここ」への限定性をもつ一方で、言及される内容そのものは「いま・ここ」を超えてどこまでも広がりうるということに注目しています。確かにトピックの内容は、東京、東金、アーリントンと広がることが可能ですし、その気になれば宇宙の起源や原子の中身の話をすることだってできます。「どこまでもいける、いま・ここ」というのがトピックの本質なのです。

串田は、ここに会話のもつ共在感覚をつくり出す力を見出します。共在感覚とは、「一緒にいる」という感覚。「物理的『いま、ここ』をいくらでも超えて行くことを可能にするトピックという現象を通じてこそ、私たちは、『誰と誰がいつから一緒にいるのか』という共在感覚を強力に産出しているのではないだろうか」（『コミュニケーションの自然誌』新曜社、一九九七年、二一一頁)。

「一緒にいる」というと当たり前のような感じがしますが、文化によって、人によって、共在感覚には違いがあります。コンゴ民主共和国の農耕民族ボンガンド族であれば、壁の向こうにいる人に話しかけるのが普通ですから、姿が見えない人とも「一緒にいる」と感じています。私は息子が三歳くらいの頃に、バタバタと階段を降りてきた彼に「二階にお母さんいなかったよ」と報告を受けて面食らったことがあります。

串田は言います。「人間の共在感覚がこのように多様でありうるとすれば、私たちには、『誰と誰がいつからどのように一緒にいるのか』に関する感覚の齟齬が生じる可能性が、潜在的には常に存在するといえる」(同前、二一〇頁)。話が飛んだように感じるのは、この共在感覚のズレを感じるからなのではないか、と。

果たしてお年寄りたちはどうなのでしょうか。違う時間感覚や空間感覚を持っているのだとすると、お年寄りは私たちとは違う共在感覚を持っている、ということになるのでしょうか。「ありがとうございます。お邪魔してもいいですか」という呼びかけに応じないマサエさんや、「今日は四人います」というお婆さんは、どんな共在感覚を持っているのかな。伸び縮みする「共在」なのかもしれない。とても気になります。

11
通目

村瀬からのお手紙
←
2021.02.18

言葉が主役にならない「場」

→ 伊藤さんへ

「ビジネス書ゲーム」で遊んでいた伊藤さん。お手紙ありがとうございます。言葉に自分の体を貸し与えて遊ぶ。なるほど、言葉と体が乖離《かいり》しない文章の秘密は子ども時代にあったのか。伊藤さんは「棲まうべき体を探し求める言葉」をケアしながら大人になったのですね。それを今も続けていますね。

僕が子どもの頃は川に魅了されていました。水辺にはさまざまな表情があり、体を投げ出して遊ぶ楽しさに溢れていました。同時に底の見えない淀みには引き込まれそうな恐ろしさがありました。水藻《みずも》の奥深くにキラリと光る魚鱗《ぎょりん》を見たときのドキドキは妖怪《ようかい》を見たときと同じ興奮です（妖怪を見たことはありませんが……）。

「言葉は棲まうべき体を探している」。とても印象的でした。老いが深まると体に棲まう言葉たちのケアができなくなるのかな。ケアを受けられない言葉は老いた体からひとつ、またひとつと消え去るのかもしれませんね。というより、体に宿らなくなるのかもしれません。いや、体の深部に宿り続ける言葉と立ち去る言葉に分かれる。立ち去ったり、出戻ったりを繰り返しながら。

あるお婆さんは「好き」という、たった二文字の言葉が出てこなくて悶々《もんもん》としていました。何とか絞り出した言葉が「好意で満腹」です。ひらがなにすると四倍の八文字と増え、単語から文になりました。「好意で満腹」。なんかいいでしょ。特に「満腹」がいい。言葉と体に一体感がありますね。「好き」という表現とは違った味わいがあります。お婆さんの「思い」に応えて消えゆく言葉が集結したと思うと、ちょっとひとしおな感じがします。

ぼけを抱えたお年寄り（老いの深いお年寄り）たちの集いに興味を惹かれます。言葉があまり主役とならない「場」でもあります。たまに、お年寄り同士で会話しているときに遭遇します。一〇名ほど集う中で、Kさん九十四歳女性、Mさん八十五歳男性、Sさん九十二歳女性の三名が数分ほどの会話をしました。みなさん老いが深く、ぼけを抱えています。お昼ご飯を食べ終えて、何をするわけでもなくのんびりと過ごしていたときのことです。Kさんが唐突に口を開きました。

Kさん「わたしゃ、ずいぶんと前から気になっとったんですがねぇ、あなたの、その穴はなんですか」
Mさん「ああ、これですか。まず、綿を詰めます。そして、種を埋めます」
Kさん「そうですか」
Mさん「そして、水をやります」
Sさん「わたしゃ、前々からあの緑がよかと思いよった」
Sさん「やっぱり、緑はよか」
Kさん「ああ、そうですか」

Kさんが気にしているのは、Mさんの頭にある穴のようなものでした。それは硬膜下血腫《こうまくかけっしゅ》の手術痕です。陥没《かんぼつ》しており穴に見えます。Mさんの髪型は磯野波平《いそのなみへい》と同じですから、よく目立つのです。

Kさんは突然その「穴」は何かと尋ねます。ともに過ごすようになって二～三年以上経っていました。Mさんの頭にある「穴」に関心のあったことが意外な発見でした。

Mさんは「ああ、これですか……」と「穴」について語り出します。手術痕である穴に綿を詰め種を埋めるというものでした。おそらくMさんは「別の穴」の使用法を説明しているのです。Kさんが気になっている「穴」とは、まったく違う「穴」を奇想し即答できるMさんの瞬発力に驚かされると同時に、いったい何の「穴」を語っているのか想像が駆り立てられます。

さらに驚くべきことはMさんの答えに「ああ、そうですか」とKさんは納得してしまうことでした。頭の「穴」に「綿を詰め種を埋める」というありえない話を実にあっさりと了解してしまいます。KさんはMさんの話を本当に信じたのでしょうか、それとも、ヘンテコな回答を真面目に話すMさんに気兼ねをしたのか、定かではありません。

さらにMさんは水をやって種を育てると言います。これに対してKさんの返事はありません。MさんにもKさんの返事を待つ様子もなく沈黙します。頭に花を咲かせたMさんを想像してしまい笑いを抑えきれませんでした。

Sさんは沈黙を味わうように「わたしゃ、前々からあの緑がよかと思いよった」と言います。「前々から」のフレーズはKさんが話を切り出したときと同じしゃべり口調です。目に映えた庭の若葉を「緑がよか」と誉《ほ》めます。初夏の新芽がとても美しかったのです。Sさんの座る椅子は茶の間の奥にありますが、そこからは庭が望めます。「緑がよか」という話はMさんの「穴に埋める種」から連想されているようにも思えます。Sさんは自分の感想に浸る感じで「やっぱり、緑はよか」と繰り返します。

少し間を開けて、沈黙していたKさんが「ああ、そうですか」とSさんの話に絡んできました。Mさんに目をやるとつぶらな瞳をぱちくりとさせて辺りを見回しています。会話に参加している様子ですが発言はありませんでした。

わずか数分の出来事です。淡々としており、静かに始まり静かに終わります。職員たちが業務に追われバタバタしていたら気が付かないでしょう。

Kさんが切り出した「穴」の疑問から、MさんはMさんにしかわからない「穴」の話をする。Kさんの口調からSさんの「前々から思っていたこと」が引き出され、Mさんの「種を埋め水をやる」という話に導かれて「緑の美しさ」を語る。「連想ゲーム」のような会話です。

伊藤さんとご主人の会話は逸脱を繰り返しふたつのトピックを生みだしながらも、第一のトピックである「アーリントンの魚屋」の話に着地しています。お年寄りの会話は着地している感じがしません。ひとつのトピックをそれぞれにある「わたしの世界」に回収します。お互いに回収し合っているので話が噛み合わなくても誰もそのことに気が付いていない感じです。やはり、ぼけを抱えたお年寄りは他者の話を自分にある旧知のシチュエーションに回収してしまう力が強いと思えます（伊藤さんが出会った、京都にお住まいの元校長先生のように）。

また、言葉が体に長く滞在しない趣があって、話の擦り合わせが難しいことも、会話が着地しなくても気にならない一因に思えます。そのような会話で成り立つ場の雰囲気は、誰にでも居場所がある感じがします。ただ、ぼけの浅い人（老いの浅い人）がいらっしゃると話は違います。人によりですが、話の矛盾を突いたり、バカにしたりと場が荒れることがあります。

繰り返し同じ話をし続けたシゲさんと、その同じ話を繰り返し聞き続けたユキさんに起きた現象もちょっと変わった回収のあり方でした。ともに九十代です。

シゲさんは神経が障《さわ》るのか肩から腕にかけて痛みが走ります。そのたびに「横断歩道を渡っているると信号無視した車が私を跳ね飛ばしたとでしゅ。車はそのまま逃げたとでしゅ」と言います。痛むたびに繰り返されるこの話を耳にタコができるほど聞かされました。

ユキさんはそのひとりです。ある日のこと。ユキさんの手に青痣《あおあざ》がありました。「どうしたんですか」と尋ねました。ユキさんは自分の手を見て青痣の存在に今気が付いた、といった顔をします。

にもかかわらず「これね、横断歩道を渡っていたら車が飛び込んできて跳ね飛ばされたとよ。倒れたところに学生が歩いてきて革靴で踏みつけられたとよ」と説明しました。それで、こんな青痣ができたと言うのです。

シチュエーションはシゲさんの話とほぼ同じ。革靴で学生に踏みつけられたという新たな話が加わりました。この話は架空のお話ですが、面白いことにシゲさんの話も架空のお話だったのです。

ユキさんはシゲさんの話を回収することで身に覚えのない青痣に居場所をつくりました。そうすることでユキさんも安心している感がある。シゲさんの判で押したように繰り返される妄想（?）にユキさんが乗っかる。ふたりで妄想（?）を共有しているのですが、お互いそのことに気が付いていない。シゲさんは「あら、あなたも」と同情する。

かくいう僕もユキさんの話を聞きながら実在する交差点が目に浮かび「あー、あそこの横断歩道か」と納得しかけました。こうなるとユキさんの話を僕が回収したのか、されたのか混乱します。ユキさんの話にある余白に僕が新たな話を書き込んでしまった感じです。

一緒にいるという「場」において生まれる「しゃべりや語り」、「他者の記憶や妄想？」までもが「公共財」のようになり、個々がそれを都合よく利用することで居場所がつくられるようにも思えました。その縦横無尽さに舌を巻きます。


会話は言葉によって成り立ちますが、言葉は声に乗らないと伝わりません。声といってもいろいろあると思うのですが、そのひとつに「肉声」があります。

コロナ禍にあって、よりあいの森では歯科診療の方法が変わりました。密にならない大広間でひとりずつ治療が行われます。広間は僕のいる事務所と隣り合わせです。ですから、治療の現場の様子が音となって伝わってきます。

ぼけを抱えたお年寄りに共通していることは治療に対する抗いです。まず「嫌ァ〜ッ」という悲鳴。実に個性的な「嫌」が聞こえてきます。言葉が出づらい人も、深いぼけを抱えた人でも「嫌」の使い方を間違える人はいません。「嫌ァ〜ッ」は「肉声」なんですね。「いま・ここ」をとらえる言葉として強烈な力があります。

同じく「美味しい・不味い」「美しい」「暑い・寒い」「温かい・冷たい」「臭い・いい匂い」「痛い・気持ちいい」など「いま・ここ」をとらえる言葉はたくさんあります。僕の実感ですが、これらの言葉は老いが深まっても体に宿り続けています。「美しい」「美味しい」「温かい」「いい匂い」「気持ちいい」といった「快」は体がしっかりと味わうのか、あまり言葉になりません。それに比べ「不快」は言葉となってすぐに表れます。「嫌」はその代表です。「痛い！」「不味い！」「臭い！」「暑い！（寒い！）」「冷たい！（熱い！）」といった不快感をまとう職員の肉声を聞いたお年寄りは「笑う」ことが多いのです。「不快」は「快」よりも共感を誘うようです。

「嫌ァ〜ッ」も「ギャアアア〜ッ」といった絶叫に変化すると、その力は猛烈です。姿は見えなくても、聞いている僕が不穏になります。過度に浸食されると耐えられなくなる。肉声は強い共振を生むようです。伊藤さんが書かれていた、コンゴの農耕民族ボンガンド族の「一緒にいなくても、一緒にいる」といった共在感覚の世界と、共通する面があるのかもしれません。

声をとらえるのは耳ですが、その感覚の開かれ方には奥深さがあります。深いぼけや老いにあるお年寄りは「聞く」というよりは、「聞こえている」という状態になりやすいのではないでしょうか。「見る」も同様に「見えている」。感覚がそのような形で開かれやすくなる。その感覚が主役となる「場」が生まれ、個々が影響を受け合っているのではないか。

よりあいでは全介助の人が居眠りをしていても、個室ではなくソファーなどで横になり、一緒にいることが多いのです。見学者が質問しました。「この方は全介助の人ですよね。いつも眠っていることが多いとうかがったのですが、なぜ、自分の部屋で寝ていないのですか。会話もほぼできない人がどうしてみんなと一緒に過ごしているのですか」と。

職員は「個室に独りでい続けると萎《しぼ》んじゃう感じがします。みんなで一緒にいるときはご飯の食べ方が違うんです。食が進むんですよね」と答えました。一緒にいることは人の食欲と関連するように思えます。生きるに直結する共在感覚？　なのかなぁ。

眠っていても、おしゃべりができなくても感覚は他者に開かれているのだと思います。「見えている」「聞こえている」「匂っている」「風が触る」「光に照らされる」「温みに包まれる」という感覚で交流が織り成されることってあるんじゃないか。交感し合っているというか。

実際、僕たちにもそのような開かれた感覚があります。夜勤中、仮眠をとっていたとき、ふと、ご飯の炊けるような匂いがして飛び起きました。ご飯など炊いていなかったからです。匂いの元をたどると百四歳のお婆さんの部屋からでした。オシッコがパッドに出たのです。できたてほやほやのオシッコ。

おそらく、覚醒した状態ではこの匂いを感じることができなかったでしょう。目と頭の回路が少し閉じた状態で他の感覚が開かれていたからこそと思えます。このように鼻、耳、肌の開かれた感覚に導かれることは少なくありません。それは確実に「いま・ここ」をとらえています。

その感覚が養われる環境が介護にはあります。よりあいの森の居室にはナースコールが装備されているのですが、それを活用できる人は二十六名中三名です。ヤバイ匂い。壁を叩いて尿意を伝える音。壁紙をはぐ音。歯ぎしりの孕む不穏な空気。猫のように音もたてず歩く気配。ぼけの荒ぶる予兆。見えないお年寄りたちに鼻、耳、肌が関心を寄せるようになる。それらの営みは第六感をもたらすことがある。

人間集団の帰属にとどまらず、開かれた感覚はあらゆるものと接触し、それらと場をともにしている。水面下では、さまざまなトピックが奇想され、顔を出したり、出さなかったり、共有したり、されなかったりしている。そこには、ある種の共在感覚があるのかもしれません。

僕たちがそれを感じるには「ぼ～っ」とすることが鍵だと考えています。お年寄りと「ぼ～っ」とする。リハビリする時間よりも「ぼ～っ」とする時間を得ることに力をいれているといっても過言ではありません。

伊藤さんは「ぼ～っ」とする時間はありますか？

第三章

共感でも反感でもない、ぼ〜っとする

二〇二一年春

12 通目

伊藤からのお手紙
←
2021.03.05

対馬のよりあい

→ 村瀬さんへ

お年寄りの体には、言葉が長く滞在しない。だからこそ、よりあいという場では、言葉が特定の誰かの所有物にならず、誰でも入り込める余白をともなって漂い、他者の記憶や妄想までもが公共財化していく。もうめちゃくちゃ面白いですね。「公共とは何なのか」の本質を見た気がしました。

最近よく「もれる」について考えています。来週、歴史学者の藤原辰史《ふじはらたつし》さんとお話しする予定があって、そのイベントのタイトルが「『ふれる、もれる』社会をどうつくる？」なんです（すてきなタイトルですよね）。[※1] よりあいのお年寄りたちは、まさにもれまくっているわけですよね。もれてくるものが別の人のうつわに流れ込み、すぐにそれもまたもれて別のうつわを潤し……社会らしきものは、そうやってできあがるのかもしれません。私は利他はうつわだと思っていたのですが、むしろMさんの頭のように、穴のあいたうつわでないとだめですね。

村瀬さんのお手紙を読んで、村瀬さんたちの施設の名前がそもそも「よりあい」であることに、今さらながら思い至りました。よりあいって会合のことですから、公共の場ですよね。村瀬さんたちの活動は、伝照寺というお寺のお茶室から始まったとうかがっています。これは「老人ホーム＝家」の保護されたプライベート空間のイメージとはだいぶ違いますね。

「お寺の集まりに行きましょう」と言うと、外出をいやがるお年寄りも来てくれた、と書かれています（下村恵美子『宅老所よりあいの仕事　生と死をつなぐケア』雲母書房）。ぼけの深まったお年寄りが行きたいと思った「よりあい」って、もともとどんな場だったんだろう。気になって、宮本常一の『忘れられた日本人』（一九六〇年発刊）を開いてみました。

開いてみてびっくりしました。宮本が記述する七十年以上前のよりあいの姿が、村瀬さんの描き出す宅老所よりあいの風景と、重なって見えたからです。

宮本が記述しているのは、対馬の西海岸にある伊奈の村のよりあいです。昔はクジラがとれたところだそうです。

宮本は伊奈の村に帳箱に入った古文書があることを知り、それを貸してほしいと村の老人に相談します。ところが老人に、「そのような大事なことはよりあいで話し合わなければいけない」と言われる。そこから、どんどんよりあいの時間に巻き込まれていきます。

その日はたまたまよりあいが開かれていたので、宮本は参加者のひとり（老人の息子）に帳箱を託して、結果を待ちます。ところが昼を過ぎても、息子はさっぱり帰ってこない。宮本はやきもきします。あちこち旅をしながら調査をしていたので、時間を有効に使いたいのです。しびれを切らして、よりあいが開かれているというお宮に自ら出かけていきます。お宮に着くと、板間に二〇名ほどの村人が、外の樹の下にも三人五人と集まって話しています。雑談をしているように見えますが、こんな状態がもう二日も続いているらしい。

この人たちにとっては夜もなく昼もない。ゆうべも暁方近くまではなしあっていたそうであるが、眠たくなり、いうことがなくなればかえっていいのである。

（宮本常一『忘れられた日本人』岩波文庫、一九八四年、一三～一四頁）

聞けば、宮本が気にかけている古文書の話も朝に一度議題に出されたと言います。でも結論が出ないまま今はもう午後三時。議論が紛糾してまとまらないのではありません。区長が議題をあげても、みんなすぐに違う話題に移ってしまうのです。つまり、話がとぶのです。

区長からきり出すと、「いままで貸し出したことは一度もないし、村の大事な証拠書類だからみんなでよく話しあおう」ということになって、話題は他の協議事項にうつった。

（同前、一四頁）

「みんなでよく話しあおう」という意志と、「他の協議事項にうつった」という行為のギャップに、思わず吹いてしまいそうになります。まるで肩透かしです。現代風に言えば、「スルー」されています。

じゃあ古文書のことは忘れられたのか。どうもそうでもないのです。むしろ本当に、「よく話しあう」ためには、「話をうつす」必要があるのではないか、とさえ思えてくるのです。しばらくすると、ある老人が、「旧家に伝わる御判物《ごはんもの》を貸したところ、返してもらえなかった」という話を始めたと宮本は記しています。

そのうち昔のことをよく知っている老人が、「昔この村一番の旧家であり身分も高い給人（郷士）の家の主人が死んで、その子のまだ幼いのがあとをついだ。するとその親戚にあたる老人が来て、旧家に伝わる御判物を見せてくれといって持っていった。そしてどのように返してくれとたのんでも老人はかえさず、やがて自分の家を村一番の旧家のようにしてしまった」という話をした。それについて、それと関連あるような話がみんなの間にひとわたりせられてそのまま話題は他にうつった。しばらくしてからまた、古文書の話になり、「村の帳箱の中に古い書き付けがはいっているという話はきいていたが、われわれは中味を見たのは今が初めてであり、この書き付けがあるのでよいことをしたという話もきかない。そういうものを他人に見せて役に立つものなら見せてはどうだろう」というものがあった。するとまたひとしきり、家にしまってあるものを見る眼のある人に見せたらたいへんよいことがあったといういろいろの世間話がつづいてまた別の話になった。

（同前、一一四〜一一五頁）

御判物とは、幕府が大名に領地を与える際に使われる文書のことだそうですから、これは大ごとです。土地の権利書が盗まれたようなものです。

面白いのは、それにつられてみんなも、「それと関連あるような話」をひとわたりしていることです。どんな話が飛び出したのでしょうか。「親父が八っつあんに鍬《くわ》を貸したのに俺の代になっても返ってこない」「それならうちも提灯を貸したままだ」。まずはそんな、貸し借りをめぐる災難の話でしょうか。あるいは、その旧家に関して「嫁が病気がちなのはバチが当たったのにちがいない」のような因果応報の話をしたかもしれません。

宮本によれば、そうこうしているうちに話はまたそれていくのですが、自然と関連があるような話に戻っていくんですよね。いや、戻ったように感じるだけなのかな。いずれにしても、戻ってきたときには、なぜかさっきとは逆向きのエピソードばかりになっていたりもする。つまり、さっきは古文書を見せることに対して慎重になることを促すようなエピソードばかりだったのに対し、今度はむしろ「見る眼のある人に見せたらたいへんよいことがあったといういろいろの世間話」が続いたりするのです。
ここでとても大事なのは、次々と出てくる世間話に対して、賛成や反対といった「判断」をしていないことですね。要するに「ぼ～っ」とさせておく。宮本もそのことに注目しています。

話の中にも冷却の時間をおいて、反対の意見が出れば出たで、しばらくそのままにしておき、そのうち賛成意見が出ると、また出たままにしておき、それについてみんなが考えあい、最後に最高責任者に決をとらせるのである。

（同前、一一〇～一一一頁）

前回の村瀬さんのお手紙で「ぼ～っとすることで感覚が開き、いろいろなものとともに在ることができる」というお話がありました。対馬のよりあいも、まさにそうなんだと思います。狭い村社会で、「○○に関しては△△するのが筋だ！」なんて理詰めでやっていったら、絶対にしこりが残ります。「あいつは俺の意見に反論したけど、うちの爺さんがあいつの曾祖父《ひいじい》さんにしてやった恩を忘れたのか」なんてことになりかねない。
だから理屈ではなく具体例で話したほうがいい。そして、話を着地させずに、ぼ～っとさせておいたほうがいい。宮本はそれを「話に花がさく」と表現しています。
話といっても理窟をいうのではない。一つの事柄について自分の知っているかぎりの関係ある事例をあげていくのである。話に花がさくというのはこういう事なのであろう。

（同前、一七頁）

でも、どうでしょう。「花」というのでは、根をはりすぎているような気もします。よりあいでの会話は、次から次へと調子良くつながっていくというよりも、自己完結的で、手応えを求めないような、独り言的な公共性だったのではないでしょうか。

もし「話」というものが目に見えたなら、よりあいが開かれていた空間には、ふわふわ漂うシャボン玉みたいなものがいっぱい浮かんでいたんじゃないか、という気がします。たまたま目の前にきたシャボン玉に触発された人が、自分の知っているエピソードをもらす。まわりが聞いたのか聞かなかったのかもよくわからないまま、シャボン玉は別の方向に飛んで行き、互いにくっついたり、割れたりする。シャボン玉が視界をじゃますることもありそうです。

フレーミングされないまま、宙に漂う話。誰のものでもないからこそ、各々が、その余白に自分の知っているエピソードを追加できるようになる。対馬のよりあいに来ていた人は必ずしもお年寄りではなく、またぼけでもなかったはずですが、そこには福岡のよりあいに通じる、話を公共財化する無意識の仕掛けがあったようにも思えてきます。

よりあいは中世・近世の昔から行われていた相談の方法ですが、もっと近代的な集まりの中にも、実はあれやこれやの「ぼ〜っとする仕掛け」があるのかもしれません。

実は二年ほど前に、会議の調査をしていたことがあります。コロナのせいで中断してしまって、まだ再開できていないのですが、ある出版社の方にお願いして、月刊誌の編集会議を見学させてもらっていました。

会議の調査なんてして楽しいの？　と言われるのですが、会議って、自分がその中に入ってしまうとたいていは苦痛なのですが、外側から見ている分には、ものすごく楽しいのです。一〇名弱の人たちが額《ひたい》をつきあわせて、真剣に話している。専門用語や聞き慣れない固有名詞が私の耳にも断片的に聞こえてくるのですが、その意味するところはいまひとつわかりません。でもしばらく聞いていると、断片が重なって、「こういう話かな」という像がなんとなく結ばれてくる。それは、平田オリザの「静かな演劇」を見ている感覚にかぎりなく近いものでした。

中でも私が注目していたのは、毎回の会議を進行していた編集長の、独特の言葉づかいでした。よりあいとは違い、あらかじめ決められた議事にしたがって進む一般的な会議の形式なのですが、その進行のさなか、ところどころで編集長がやおら語尾を伸ばし始めるんです。

「で、今日の三時から、それを五階でやる予定でーす」

最初は、なんか居心地が悪いなと思っていました。この「でーす」は、一見すると、同僚に向かって自分の予定を宣言しているようでもあります。でも呼びかけるのとは少し違っていて、自分に向かって独り言を言っているような、忘れないようにリマインドしているだけにも聞こえる言い方なのです。会議机の、なんとも中途半端な位置に言葉が落ちたように感じました。

でもその居心地の悪さが、実は「ぼ～っ」をつくる仕掛けでした。編集長がそうやって語尾を伸ばすと、それまで黙っていた他のメンバーが次々と口を開き始めるんです。「それなら××についてアピールしたほうがいいですよ」とか「△△さんに連絡しておいたらどうでしょうか」とか。編集長は、語尾を伸ばすことによって、トピックを公共財化していたのです。

そのときに見られる参加者たちの態度も面白いものでした。トピックはいったん公共財化してしまうと、どんどんそれていくんですよね。取材の話が割烹着《かっぽうぎ》の話になり、野口体操の話になり……まさに、「よく話しあうためには話をうつす必要がある」ことを証明しているかのようでした。みんなでトピックをいったん見失う。このまどろむような時間を、編集長の「でーす」は呼び込んでいたのです。


介助され上手な人にも、ぼ～っとした人が多いように思います。以前にもご紹介した西島玲那さんは、全盲なのですが、してほしいことをなるべく言わないんです。介助者と一緒に歩くと、「その人の中で『してあげたいこと』が一歩歩くごとに変わるのが面白い」と彼女は言います。「それが自分の『してほしいこと』のせいで隠れてしまうのがもったいない」と。障害や当事者というと、ふた言目には「ニーズ」という言葉が出てきますが、彼女はむしろニーズを曖昧にし続けることで、いろんな可能性を引き出しているんです。

先日も、盲導犬と初めて東京から新潟に旅行に行ったときのことを聞きました。驚いたことに、彼女は新潟に着いてからの予定をまったく立てずに出かけているんです。かろうじてホテルはとってありましたが、観光先や食事場所は一切決めていない。まだスマホもない時代です。現地で調べるつもりもなく、本当に風任せなんです。

たまたま出会った再雇用の香りがする新潟駅のおじさん（本人談）が教えてくれた行き先は、川沿いにある展望台でした。全盲の私に展望台？　と彼女も一度は心の中ではツッコミを入れたのですが、ちゃんとタクシーに乗って展望台に行くんですよね。

そうすると行った先の施設の人が、あわあわした風情で声をかけてくる。でもこの人が、彼女と関わるうちにどんどん介助が上手になっていくんです。最初はとまどった様子だったのに、次第に展望台から見えるものを話してくれるまでになる。

ぼ〜っとしていることで、彼女はまわりの人の潜在的な力をどんどん引き出していくんです。利他ってなんだろう、と思います。障害という観点で考えれば、彼女はサポートしてもらっている側、助けてもらっている側にはちがいありません。でも実際に起こっていることを見れば、むしろ彼女こそ利他的なんです。彼女と関わることで、自分にびっくりする人が多いのではないかと思います。

もちろん本人は「利他的に振る舞おう」などとは微塵《みじん》も思っていません。ただただ目的を着地させず、ぼ〜っとしていることによって、関わる人に居場所を与えています。思えば、『してあげたいこと』が一歩歩くごとに変わる」というのは、対馬のよりあいの会話が次々とそれていくのに似ていますね。利他と「ぼ～っ」の関係が、ちょっとだけ見えてきたような気がします。

※1　この対談の内容は雑誌『ちゃぶ台7　特集：ふれる、もれる、すくわれる』（ミシマ社）に収録。

13 通目

村瀬からのお手紙 ←

2021.03.22

「しない」を「する」

→ 伊藤さんへ

伊藤さんのいう「利他はうつわ」ということが、僕なりにちょっとだけ見えてきました。

伊藤さんがお手紙に書いていた通り「老いる」とは「もれる」ことですね。介護とはその「もれる」に付き合っている。介護する側が、される側に付き合っているのですが、それは介護される側が、する側に付き合っていることでもある。する側からも「もれる」があって、される側はそれを受け取っている。ひとつの行為をめぐって、お互いの「もれる」をやりとりしている。介護される、するの両者が「うつわ」なんですね。

体が老いるといろんなところが緩んできて生理的な「もれ」が始まります。括約筋《かつやくきん》が緩んでお漏らしが始まる。意思に反して開門してしまいます。それって、とても恥ずかしい。恥部からの「もれる」なので、人の手に委ねることは簡単じゃありません。

最近、飼い猫を看取ったのですが、最期は、四六時中うんこが漏れ出るようになりました。

お湯で流して、拭きとる。そして、オムツを当てるのですが、それは、それは、猛烈に嫌がるのです。威嚇するように怒りました。猫も人間も、なんか、嫌なんでしょうね。

「下の世話まで人にされるようになったら、もうお終《しま》い」。そんな話をたくさん聞いてきました。「できるわたし」から「できる」が「もれる」。ひとつ、ひとつ、できなくなるたびに、ひとつ、ひとつ、「わたし」が「もれる」。それは、私のイメージする「わたし」が「わたしではなくなる」ことのように思えます。

生理的な「もれる」が「わたし」という「硬い殻《から》」に穴をあける。殻が硬ければ硬いほど、感情の揺れ幅は激しい。当人は開いた穴の手当てに忙しくなります。「もれない」ように体を鍛えたり、誰にもばれないように隠したり、なかったことにしたり。開き直ったりと。

それを目の当たりにする僕たちは当人と一緒になって開いた穴に手を当てざるをえません。当てた手に触れるものに心地よさもあれば、とてもじゃないが受け取れないドロドロとした「もれる」もある。心地よくても悪くても、「ぼ〜っ」としてしまいます。共感でも反感でもない、ぼ〜っとする。

「家に帰る」と言い出して、黄昏時《たそがれどき》によりあいから飛び出していくお婆さんがいました。日勤者が勤務を終える時間帯です。そんなときに九十歳を超えたお婆さんが「お母さんとお父さんの待つ家に帰る」というのですから、実現できないことをやってのけようとします。本当にお母さんとお父さんのところに行くつもりなら、お婆さんはあの世に旅立たなければなりません。「もうじき、晩ご飯ですよ」「美味しいお茶がはいりました」などと、何とか引き留めようとする。引き留めれば、引き留めるほど、振り切って出て行くのです。仕方なく付いて行くより他ありません。

それでもなお、歩きながら甘言を弄《ろう》して、お婆さんを引き留める。「お腹は空きませんか?」「そういえば、美味しいプリンがあったなぁ」「みんなが、お婆さんの帰りを楽しみに待っとうよ」。誘惑して連れて帰ろうとします。

「ああ、そうですなぁ、あなただけ帰りなっせ」「わたくしは、そのようなところに用はございません」。お婆さんの応えはにべもありません。連れて帰ろうとすればするほど、磁石が反発するように逃げていく。「早く家に帰って、あの映画を見たい」「勤務時間は終わったのに……」。僕の頭は計画や目論見でいっぱいなんです。心は予定通りにいかない不満でいっぱい。それが、お婆さんに「もれる」。お婆さんは、そのことに抗っている。

やがて、手の内が尽きてしまい、ただただ、お婆さんのあとに付いて行く。そのときの歩きが「ぼ～っ」とするになってくる。かたや、お婆さんは、歩いても、歩いても、家にたどり着かない。体力も気力も尽きて「ぼ～っ」とする。お互いが万策尽きて途方に暮れたとき、思わぬ展開が訪れることがあります。

「あんたも、帰れんかったとなぁ?」。お婆さんは、僕が同じ境遇にあると思い込む。おそらく、僕に余白ができたのでしょうね。お婆さんは僕を同類もしくは「帰ることのできない気の毒なおじさん」として書き込みます。自分の境遇をうつし替えてくる。

そうなると、お婆さんにも余白が生まれていて、「僕の顔で泊まれる旅館があるから、一緒に行きませんか」という妄言を書き込ませてくれる。

じゃあ、最初から「ぼ〜っ」として一緒に歩けばいいじゃないか、計画を捨て目論まずに歩けばいいじゃないか、と思うのですが、そうも、いかないのです。

僕にも予定はありますし、「ご飯ができました」という、最初のひと言でお婆さんがとどまってくれる可能性だってある。そのような、日常生活にあるごく当たり前のやりとりを手放すわけにはいきません。

お婆さんは自分のために歩き、僕も自分のために歩く。そこから始まる、引き留める、突き放す、を繰り返し、お互いが手を尽くしたあとの「ぼ〜っ」とする、がある。

このプロセスを手放すと、支配と隷属の関係に陥ってしまうようで怖いのです。介護者の都合であれ、要介護者の要求であれ、どちらかの思惑が一方的に通ってしまえば、どちらも人を支配する可能性を孕んでいます。

また、介護者が計画に固執《こしつ》することと、最初から手放してしまうことは、同じ態度に思えます。計画への固執は支配的になり、先手を打つように計画を手放すことは、上から目線となる。どちらも、介護者は常に一歩先を行き、要介護者は轍《わだち》を歩くことになる。そのような固定された関係で「いま・ここ」をともに生きているとは思えません。

勇み足で先を歩いたり、慌てて後ろを付いて行ったり、ごくまれに並び歩くといったシンクロに驚く。「いま・ここ」をともにするとは、そのようなことかな、と考えたりしています。

お婆さんも僕も当初の目的は破れています。伊藤さんの以前のお手紙（2通目、アナーキーな相互扶助）に「ともに負けることで介護らしき出来事が成立しているような」とあるのですが、面白いことが書いてあるなぁ、と思いました。「ｗｉｎ－ｗｉｎ」ではない折り合い方があると思えました。


介護される側、する側、一方的な勝ち負けのない合意に至るには、お互いの「うつわ」に「余白」が必要だと改めて感じました。そういう意味で職員を見てみると、類《たぐい》まれな「余白使い」の存在に気が付きます。

ある職員は「帰る」といって飛び出すお年寄りに付いて行きました。それが、あっという間に帰ってきたのです。付き添った彼女に「どうやったら、こんなに早く、帰ってこれるの」と尋ねると「お婆さんが自分で帰りました」とキョトンとしている。

お婆さんは「この子が私に付いてくるのだけれど、どうやら自分の家がわからないらしい。可哀そうだから、ここに連れてきた」と付き添う職員を指差して言いました。

お婆さんは「帰るモード」から「お世話モード」に移っており、帰ることにとどまっていませんでした。これは天然の「うつわ」がもつ余白ですね。深くて底が見えません。

ある職員はひと言も発することなく、お年寄りを意のままに誘導することができました。彼はターゲットのお年寄りの傍に座り、まずはじーっとしています。ジワジワと自分の視線とお年寄りの視線を合わせます。今、座っている椅子から、座り直してもらいたい車椅子へと目配せするのです。

お年寄りがそのコンタクトに気が付くまで、目でだめなら手で（ここ、ここ）と示す。それでもだめなら顎《あご》で（そこ、そこ）と伝える。実に根気よくやっている。すると、お年寄りも何も言わず（ここ？）と目配せして自分から車椅子に移動してしまうのです。

その鮮やかさを目の当たりにした職員たちは、彼の名前を取って「ノブオマジック」（仮名：利他学会議[※1]のポスターモデルである馬の名前をお借りしました）と呼んでいました。

彼はなぜ、あんなマジックができたのでしょうか。言葉を手放すことで「しゃべらない」という「余白」をつくったのでしょう。お年寄りは「しゃべれない人」の意を必死に汲み取り「これでいいの？　あなたの望んでいることは、こういうこと？」という風情で実行しているようでした。

他の職員なら「さあ、車椅子に座りましょうね」と手伝ってしまうところです。彼の場合、お年寄りが自らの主体を発揮して移動するのですが、自分のためではなく彼の願いを実現するために行っています。

彼に聞きました。「どうして、言葉で伝えないのか」と。「言葉は誤解を生むから」と、恐る恐る言うのです。お年寄りだけでなく、職員にも必要最低限の言葉ですら「しゃべらない人」でした。彼の「うつわ」には、トラウマという亀裂《きれつ》があって、それが「余白」を生んだのかもしれません。

西島玲那さんのエピソードに衝撃を受けました。介助をするのが上手な人にも、ぼ〜っとした人が多いのかもしれません。

お年寄りの抱えた「ぼけ」はニーズを明らかにしませんが、西島玲那さんはいい意味の「とぼけ」がある人だと思いました。ぼ〜っとする介護者も同様です。対馬のよりあいの区長も村人の話が出尽くすまで「とぼけ」ているように思えます。

無理やり意識合わせをしている感じがしません。みんなが、何かしら委ねている感じです。委ねているのだけれど、手は尽くしています。

老いの深いお年寄りの集いにいると、途方に暮れてしまうことがあります。参加しているお年寄りの九割近い人が居眠りをする。そこに職員としてポツンと座っていると、どうしてよいかわからなくなる。そのような集まりを「睡眠ｉｎｇ倶楽部：スイミングクラブ」と名付け、何もしないでぼ〜っとすることを肯定していました。いわゆる、感覚の開く時間です。

一般的に介護職は常に「する」ことを考えていて、頭が計画の執行と目論見でいっぱいなのです。それを組織的に実行するために職員間の「意識合わせ」に奔走する。意識合わせは現場リーダーの悩みの本丸《ほんまる》といっても過言ではありません。けれど、介護におけるコミュニケーションの土台は「感覚合わせ」じゃないかと思うのです。

日勤者の「鼻」を夜勤者が引き継ぐことがあります。みんなで集っていると、ふと、うんこの匂いがしてくる。香るお婆さんを慌ててトイレに誘導するけど、漏れてない。しばらく座ってみたものの、出る気配もない。

ここはいったん、あきらめて集いの場に戻る。それを境に「鼻」はお婆さんから関心をそらさなくなります。歌っていても、おしゃべりをしていても「鼻」は嗅ぎ続けています。

「ピンとくるたびにトイレに誘ったけれど、結局、お出ましになりませんでした。もうそろそろ、今夜あたりと思うんですよね」。日勤者は「鼻」の得た情報に「勘」を交えて夜勤者に報告する。夜勤者は日勤者の「勘」を頼りに「鼻」を引き継いで、お婆さんに関心を寄せる。その「鼻」は「夜勤者」の「鼻」ですが、日勤者の「鼻」でもある。

感覚器の共有から始まる「感覚合わせ」を日々繰り返す。僕の「肌」にはこのような感触だった。私の「鼻」はこう匂った。アタイの「耳」にはこんなふうに聞こえた。オイラの「目」にはそう映った。「わたし」が受け取ったトピックの味わいを、それぞれに話す。

この営みを繰り返していると、その人にとって必要と思えることが浮かび上がってきます。

お婆さんというには若すぎる人が入居しました。彼女の荒ぶりは取り付く島がありません。主任は「僕たちの支援でどうにかなる感じがしない」とため息をつく。

早々に「ここは私の家です。みんな出て行ってください」と大声が出る。物を投げる。噛みつく。職員やお年寄りに「貧乏人のくせに」「ブスのくせに」と言いたい放題でした。職員たちにできたことはため息の共有です。

彼女の何に「ふれる」と暴力を引き出してしまうのか。職員たちは、とにかく彼女の「嫌」なことは「しない」を実行しました。職員たちの付き合い方は、彼女と交流すること自体をいったん断念しているように見えました。

すると彼女の「する」が立ちあがってきます。昼夜を問わない「食べたい」。今すぐ「聞きたい」長渕剛。さっき「入った」けど「また入る」お風呂。「飲みたくない」薬。

ひとつ、ひとつ、付き合ううちに、ゆっくりと荒ぶりが鎮まってきました。鎮まるは少し神がかっていますね。息が整うと表現したほうがいいのかもしれません。荒ぶりという全力疾走の頻度が少なくなってきました。それと同時に暴走気味の「する」もマイブームが去るように少なくなる。とても、ゆっくりと。

介助には避けられない「さわる」「ふれる」が伴います。どちらにも大なり小なりの抗いがある。抗いの訴えることは「してほしい」ではなく「してくれるな」です。「するな」という要求。まず、それに応えることが僕たちの「する」ことになる。

よって、抗いを手探りするような「さわる」「ふれる」になる感じがあります。接触のあり方がイマイチだと強い抗いがある。そこそこ、的を射ていれば何も起こらない。怒るでも喜ぶでもない、何も起こらないことに着地する接触です。

「感覚合わせ」とは対馬のよりあいに似て「あーでもない」「こーでもない」となって方針がなかなか立たない。「しない」ことに手を尽くした結果、立ちあがってきた「する」に身を委ねる。その「する」は生じるもので、計画に織り込めるニーズとは違うものに思えます。あえてニーズと呼んだとしても、それが言葉になるまでずいぶんと時間がかかります。

計画のあり方について、改めて考えさせられます。計画は目的を達成するための手順を記し予定を組むものですよね。ですから「する」ことしかありません。「しない」ことが書き込まれることはない。「する」ことへの自由が､面白おかしく開いていくには「しない」が深く関わってくるのではないでしょうか。

そして、計画にはもれなく工程表が付いてきますよね。昨今は、その工期があまりに短すぎます。生身の人間の欲する時間が反映されなくなりました。

僕はそのような風潮を「しなければならない症候群」と勝手に呼んでいます。この症候群には「過剰なせっかち」という特性があって「遊び」や「余白」を許しません。ぼ〜っとしようものなら「チコちゃん」から叱られます。介護の世界にも蔓延《まんえん》していて、ちょっと、うんざりしています。

単年度の決算が五年に、いや十年、せめて三年になるだけでも世の中は変わるんじゃないでしょうか（笑）。

※1　二〇二一年三月十三日と十四日に、東京工業大学の「未来の人類研究センター」が開催したオンラインのイベント。

14
通目

伊藤からのお手紙
←
2021.04.07

ソロでデュオを踊る

→ 村瀬さんへ

意識合わせじゃなくて感覚合わせ。先日開催したイベント「利他学会議」が最後にたどり着いたのも、まさにそこでした。

利他学会議は、週末の二日間をたっぷり使って、各分野の専門家を招き、のべ七時間半にわたってじっくり語り合うという体育会系合宿のようなイベントです。もちろん、議論の中で、研究上のヒントや重要な発見にたくさん出会うことができたのですが、最終的に一番強く残ったのは、「打ち合わせしてるなあ」という実感でした。自分たちで企画しておいて「打ち合わせしてる」というのも変な感想なのですが、シンポジウムでもなく、ミーティングでもなく、打ち合わせができたという実感がありました。

そのことをイベントの最後に仲間に話したら、打ち合わせとはもともと雅楽《ががく》の言葉だと教えてくれました。雅楽では、打楽器の合奏をするとき、笏拍子《しゃくびょうし》などの打ち物を打ってリズムを合わせるのだそうです。ここから、いわゆる「打ち合わせ」という言葉が生まれたのだ、と。

そう考えると、我々が二日間かけてやってきたことは、音楽で言うところのチューニングみたいなことだったのかもしれない、という話になりました。決められたテーマについて言葉で言葉を掘り下げていくような「シンポジウム」でも、行動のための計画を確認して意識を合わせる「ミーティング」でもなく。ただ、それぞれ楽器は異なりながら調子を合わせ、向きを揃えていく探り合いとしての「チューニング」をしているんじゃないか、と。

チューニングは同時に、リハーサルをしないということでもあります。「プー」と音だけ出して、演奏はしない。リハーサルというシミュレーションをしてしまうと、本番はそれを実行するだけの頭になってしまいます。利他が「〇〇すべき」というような道徳的な命令や、「〇〇するとうまくいく」のような普遍的な行動指針では語れないとすれば、まさにこの調子合わせとしてのチューニングこそ、「しないためにする」手入れだったように思います。

チューニングといえば、同じ利他学会議のエクスカーションで、ダンサー／振付家の砂連尾《じゃれお》理《おさむ》さんが語ってくれたチューニングもとても面白いものでした。

砂連尾さんは、数年前に立て続けにご両親を亡くしたことについて語ってくれました。その後、自分の気持ちを整理するために、ご両親と一緒に踊る作品をエチュードとしてつくり、動画におさめました。やわらかい光の入る室内で、鉢植えの木の枝にご両親の写真を木の実のように飾り、その前でゆっくり、ゆっくり、踊っていきます。

念頭にあったのは、ワークショップをするために長く通っていた特別養護老人ホームのお年寄りとの関わりでした。砂連尾さんは、継続してご老人たちとワークショップを行いながら、一緒にダンス作品もつくってきました。ところが、あるとき一緒にデュオを組んでいたお婆さんが亡くなってしまいます。振り付けを実践するという意味では、別の「ダンサー」を立てたほうがよいのかもしれません。

でも、砂連尾さんはそうしませんでした。その人と踊った記憶だけで踊ることにしたのです。つまり、ソロでデュオを踊ったのです。

これは少なくない方が口にされる感覚だと思いますが、砂連尾さんはこんなふうに語っています。「不思議なもので、いなくなってからのほうが存在感が強くなるんです」。たとえばスマートフォンで小川の水面を撮影するとき、砂連尾さんの脳裏に「天国からの視線ってこんな感じなのかな」という考えが宿る。亡くなった人の実在はもうないのですが、そこには存在があります。

でもこれって、残酷な言い方をしてしまえば、いくらでも自分の思いがつくりあげたフィクションになってしまえる感覚だと思います。両親に会いたいから、自分の願望のとおりに両親の存在を想像してしまっているのではないか、と。

そうならないようにする砂連尾さんのチューニングが面白いのです。砂連尾さんは、基本に帰っていろいろなメソッドの地道なトレーニングをするようになったのです。バレエや合気道など、身体技法にはいろいろなメソッドがありますが、舞台に立つためではなく、ただ体をチューニングするために、それぞれのメソッドの練習を熱心にやるようになった。

なぜメソッドのトレーニングがチューニングになるのか。それは、メソッドがたくさんの人の手によってつくられたものだからです。メソッドは、創始者以来、体から体へと伝えられ、改良されていったものです。それを実践することによって、先人たちの体が自分の体の中に入り込んでくる、と砂連尾さんは言います。

メソッドのとおりに手を動かす。呼吸を整えてみる。すると、やってみて初めてわかる「そういうことか」があるのだと思います。

「そういうことか」を体得するとき、砂連尾さんは、先人たちを招き入れるスペースをつくり出しているように見えます。合気道をつくった植芝盛平《うえしばもりへい》を招き、バレエの鬼才ニジンスキーを招き、出会うたびに砂連尾さんはどんどんうつわ化していきます。そのうつわ化した体で、両親を招く。そうすることで、両親とともにいるという出来事が、ひとりよがりのものになるのを避けることができるような気がする、と砂連尾さんは言います。

手や顎で（ここ、ここ）と示す。するとお年寄りも（ここ?）と目配せして自分から車椅子に移動する。ひと言も発することなくお年寄りを誘導するマジック・ノブオさん（勝手に命名しました）とお年寄りのやりとりも、ダンスのようだなと思いました。マジック・ノブオさんがソロでデュオを踊っているから、その余白にお年寄りが引き込まれているように見えます。

言葉よりも体のほうがうっかりしていますから、折り合わない二人の場合、関係のきっかけは体から生まれやすいのかもしれませんね。ケアというと、相手の体に直接ふれて移動させたり、言葉で情報を伝えたりすることが想定されがちですが、村瀬さんが教えてくださる介護の風景には、身体接触や言葉の字面に回収されない、音楽の合奏やダンスの風情がありますね。


つい先日、一年前に喉頭《こうとう》を摘出した方とお話しする機会がありました。失った肉声の代わりに、食道を使った発声方法を練習している最中でした。

カフェの入り口でお会いしたとき、その人からはヒューヒューという音がしていました。喉専用のエプロンのようなものやスカーフで覆《おお》っているので直接は見えませんでしたが、造設した気管孔から空気がもれるのです。

最初は出入り口に近いテーブルに座りました。ところがそこは外からの風が吹き込みやすく、彼女はすぐにとても苦しそうな表情になりました。気管孔の中はすぐ粘膜なので、風が当たると乾燥してしまうのだそうです。もう少し奥の席に移動しました。

私が声で質問をすると、彼女は持参したタブレットに答えを書き込んでくれます。私は食い入るようにその画面を見つめ、どんな言葉が打ち込まれるのかを待ちます。同席していた学生のうちひとりは、ノートを取り出して彼女の話を落書きのような絵にまとめ、もうひとりの学生は尺八の演奏がいかに難しいかについて語り始めます。

二時間くらい経った頃でしょうか。あれ？　と思いました。気付けば、彼女から声が聞こえるような気がするのです。音としては相変わらず「ヒューヒュー」のままなのですが、こちらの感覚としては、声で話しかけられているような感じなのです。

それは彼女も同じだったようで、家に帰ってからのメールのやりとりにこう書いてありました。「音声ミュートでも声が届いてしゃべれていた様に思う」。それはとても不思議な感覚でした。

おそらく二時間ほどのうちに、私たちの体がじわじわと彼女の体の動きにチューンナップされていったのだと思います。たとえば、質問をされて言葉を選ぶときに、彼女の右手は空中で指を折って左右にシェイクするように動きます。タブレットの画面をこちらに見せるために、飲んでいたスムージーのカップを置く位置を何度も変え、そうこうしているうちにぶつかって中身をこぼしそうになります。途中からマスクを外して表情を見せてくれていたのですが、目尻の上がり具合や口の開け具合から、彼女の感情の起伏のレンジが伝わってきます。

体の動きには繰り返されるパターンがあり、そのパターンはその人の身体的な人格のようなものを形づくります。私に聞こえていたのは、おそらくこの全身の動きが発する人格の声だったのだと思います。一気に強まる空気圧の「ヒュッ！」は、全身が「そう！」と同意しているように聞こえたし、痙攣《けいれん》するような「ヒュヒュヒュヒュ」は、お腹から出る笑い声に聞こえます。

音がないからこそ、かえって彼女の体のテンションのようなものが純粋に伝わってくるように感じられました。

動きに人格が宿ると声になる。この発見は、普段から言葉を音として体から出す経路が混乱しがちな私にとっては、何だか解放感さえ感じるものでした。彼女と話しながら、私も音声としての言葉を使うことがまどろっこしくなってきました。気付けばいつも以上に身振り手振りが多くなり、顔面の筋肉がぷるぷると揺れていたように思います。

もっとも、伝わる意味はある程度正確にキャッチできたものの、音そのものはかなり私の勝手な「アテレコ」だったことが判明しました。あとから聞いたところによると、彼女のもとの声質は「清水ミチコ」だったそう。高い声を想定していたので、ちょっと人違いのような目眩《めまい》を覚えました。

面白かったのは、彼女が自分自身に対しても、音のない声をかけているということでした。確かに「よいしょ」とか、「うーん」とか、言葉にならない独り言を私たちは普段口にしています。彼女は喉頭を摘出してから、「にょ!」という音のない声を自分にかけるようになったそう。「にょ!」は、「ひょっこり出てくる感じ」や「よいしょ! よりも圧が緩めの動作音の声がけ」を表すそうです。それは、いわば自分の体をケアするための声ですね。

ここにないもののために居場所をつくる仕草に惹かれます。居場所をつくって、さあどうぞと客人を待つ。客人はある人の行為だったり声だったり亡くなった人だったりします。しかし、いざやってくると、客人のほうが主人をのっとるのかもしれません。ソロで踊るデュオは、祈りのようでもあり、化かし合いのようでもあります。

15 通目

村瀬からのお手紙
←
2021.04.28

感覚と行為の打ち合わせ

→ 伊藤さんへ

「利他学会議」。まさに体育会系合宿でしたね。あの二日間におよぶ合宿に九州の地から参加させていただきました。東京に行かなくても、その場に居なくても「打ち合わせ」の臨場感を感じることができるなんて驚きです。どの分科会も興味津々でした。夜にあったエクスカーションは不思議な感覚に包まれながら、いろいろ考えさせられました。

改めて考えると、介護って、ず〜っとチューニングばかりしている感じがします。電波の入りづらい場所で耳を澄ましながら周波数を合わせる。さまざまな雑音に紛れて聞こえてくる複数の声や入り乱れるメロディーの中からお目当てをとらえるためにダイヤルを回す。

僕には日課があります。出勤するとアイ子さんという深いぼけを抱えたお婆さんの横に座ります。「おはようございます」と挨拶しながら顔を覗き込みます。目が合うとコンタクトを取ってくれるのですがちょっと変わっています。

口からサインのようなものが送られてきます。僕も真似をしてみます。アイ子さんが口をとがらせると僕もとがらせる。アイ子さんが口角を上げれば僕も上げる。二人で忙しく口を動かし合います。

そんなことをやっていると、徐々にアイ子さんの気分が上向きになっていくのが伝わってきます。「うわ〜」とか「あら〜」、「そうそう」と文脈にならない言葉が飛び出し始めます。顔もほころんでくるので、僕もアイ子さんとつながった気分になります。

お互いに真似し合いっこしているとチューニングが早く合ってくる。それは、アイ子さんにかぎらず、他のお年寄りでもよくあることのように感じます。伊藤さんが言うように「言葉よりも体のほうがうっかりしている」から関係が生まれやすいのかもしれません。

よりあいに就職した新人さんは経験者であろうとなかろうと「何もしないでお年寄りと一緒にいる」という時間を設けるようにしています。「何もしない」とは「介護しない」ということなんです。介護施設に就職して介護しないなんて「そんな馬鹿な」と思われるかもしれません。新人さんの中には混乱する人が少なくありません。

よりあいに就職して十八年になる大ベテランがいます。彼女は新人のとき、混乱した職員のひとりです。何もしないでお年寄りと一緒にいるだけで「お金をもらっていいのだろうか?」「私は介護員として信用されていないのだろうか」とさまざまな思いがよぎったと言います。当時、利用者であるキヌヨさんが彼女のことで僕に相談があると言ってきました。「最近、若い女の子がここに来たろうが。あの人はノイローゼね？」と聞いてきたのです。あの人とは彼女のことでした。「え～っと」。僕は答えに窮《きゅう》しました。返事を待つことなく「ノイローゼは気を遣おうが。どげんして、声かけたらよかろうか。まだ、若いのに、こげなところに来ないかんとは気の毒～して」と言いました。キヌヨさんは新人さんをノイローゼと勝手に診断していました。そして、同じ利用者と思っていたのです。

キヌヨさんの現状認識には興味深いものがあります。よりあいは、ぼけのある老人たちの集まる特殊なところと了解している。インフルエンザのワクチンを打つために必要な問診票には既往歴を記入するところがあるのですが、キヌヨさんは「私はここに認知症ち、書かんといかんとかいな？」と質問する人ですから。

それでいて、新人さんのことを職員だとは思ってもいない。「ノイローゼのために通わざるをえなかった利用者」と思い込んでいる。気の毒な新人さんをどのように自分たちの仲間に迎え入れたらよいものかと考えあぐねていました。

キヌヨさんは悶々として曇りがちな顔をした新人さんにピントを合わせていました。ところが新人さんは「私のすべき介護」にピントを合わせています。これは、介護現場によくあることだと思います。どのような既往歴があって、どんな機能障害を抱え、どうしたら適切な介助ができるのかで頭がいっぱいなんです。

また、新人さんはいち早くケアチームの一員にならなければと焦ります。よって、先輩職員の動きに目が釘付《くぎづ》けになる。キヌヨさんのまなざしに目線が合いません。お年寄りが居場所をつくり、招き入れようとしていることに気付いていないようでした。

往々にして僕たちはお年寄りからケアされていることに気が付くことなく、お年寄りをケアし始めるのです。お年寄りと感覚を合わせながら、存在に触れていくような環境が必要だと考えました。

お手紙を読んで「何もしない（介護しない）で一緒にいる」とはチューニングのひとつだなぁと思いました。「動きに人格が宿ると声になる」とお手紙にあったのですが、なるほどと思いました。声のトーンやリズム、緊張して座る背中、髪を撫でるときの仕草、話すときの目や手の動き、驚いたときの表情、笑い声にある波動。自分でも気が付かないうちに体の動きが「わたしという人間」を丸出しにしています。

一緒にいるだけで体と体は、それぞれにある特徴や癖を拾い合っていて、迎え入れたり、拒絶したりしている。そんな時間を重ねていけば、焦らずともチューニングはされていく。一緒にいるだけで同調する。ズレを保ちながらでも同調する。それが人間の体なんじゃないかと感じます。

さらに、チューニングは亡くなった人とのあいだでも起こりうる。少なくとも僕にはそう思える出来事がありました。亡くなったミチコさんのことが不意に思い出されたのです。そして、「ああ、そうだったのか」と了解できたことがありました。

ミチコさんは当時でいう問題老人でした。「不潔行為」と「盗癖」がその理由です。脱肛があって、自らオムツを当てていました。当時は紙パッドなどなく布製のオムツでした。ビニール製のオムツカバーで包み込んで使用します。

ミチコさんはありったけの清潔な布オムツをリネン室から自室に持ち込んでしまいます。オシッコで汚れたものも手放しません。「不潔行為」＝「汚れたオムツを手放さない」、「盗癖」＝「リネン室から勝手に持っていく」という具合で問題化されます。

オムツを取られないようにする。汚れたオムツを速やかに回収する。このふたつを実行するために職員集団は一丸となります（水面下では武闘派とハト派に分かれています）が、ミチコさんのほうが一枚も二枚も上手で、狐《きつね》との化かし合いのようでした。

ミチコさんはある行動を取り始めました。放送休止中のテレビをつけっぱなしにします。夜勤者が消しても、消しても、スイッチをオンにする。これも、問題行為として加わりました。それと、ベッドの柵に濡れたオムツをひっかけます。これも新たな「不潔行為」になりました。まだ若かった僕は、これが痴呆《ちほう》（認知）症の周辺症状なんだと理解していました。

ミチコさんは転倒による骨折で動けなくなり「盗み」も「不潔行為」も行うことができなくなります。そのような形で問題行動が解消しました。やがて、問題老人扱いされていたことすら忘れられていきました。

三十年以上が経過したある日のことです。車を運転していると唐突に老人ホームの四人部屋の風景が目に浮かびました。ミチコさんの部屋です。深夜の暗闇に放送休止したテレビが光を放っています。手すりにはオシッコで濡れたオムツがかけられている。

そのとき「あ〜、ミチコさんはテレビの光でオムツを乾かしていたんだなあ」とふと思いました。「放送休止のテレビをつける」こと。「手すりに汚れたオムツをかけること」。そのふたつの行動につながりがあるとは思ってもいなかった。あれは問題行動というより、ミチコさんにとって生活の営みだったんだ。どうしてわからなかったのだろう。

あのとき、ミチコさんは不潔行為がある人だと思っていたけれど、実はとても清潔な人でオムツがたくさん欲しかったんだと。介護する僕たちがそのことを理解できなくてオムツ泥棒扱いしていたのだと。閃《ひらめ》くように了解できました。

なぜ、急にこんなことが起こったのかちょっと不思議でした。これも、僕の独りよがりかもしれません。けれど、そうとは思えない確信のようなものを感じるのです。

ミチコさんとお別れして三十年。たくさんのお年寄りと関わりました。そのつど、いろんな体と感覚合わせをし、行為をともにしてきました。それは感覚と行為の打ち合わせのようなもので、その蓄積がある種のメソッドをつくりだし、理解につながったのではないか。砂連尾さんのお話からそのようなことを考えました。

よりあいは開所から三十年になります。

昨年の春、ある女性が挨拶に来ました。当地区の社会福祉協議会に赴任してきた若い女性です。「お久しぶりです、マホです」。僕は誰だろうと戸惑いました。顔をじっくりと見つめると、見覚えのある感じが面影に宿っているのです。

「もしかして、あのマホちゃん⁉」と声を上げると「そうです。あのマホです」と呼応するように声を上げます。二十六年前に利用者だったノリコさんのお孫さんでした。出会ったときは幼子です。お父さんの転勤で遠方に引っ越して以来の再会でした。僕も歳を取るはずだとしみじみ思いました。一緒に地域活動をすることになるなんて感慨もひとしおです。ノリコさんの面影があるマホさんの顔。何とも言えない喜びが湧いてきます。これまで感じたことのない喜びでした。

母をよりあいで看取った娘が、夫をよりあいで看取り、息子からよりあいで看取られる。そこに職員たちが立ち会い続ける。世代をまたいだ介護や看取りも始まっています。よりあいという場所は介護施設という機能集団を超えてきた感じがします。

人と人のつながりから利用が始まったり、ともに看取ることで関係がさらに深くなったり、死者が生者をつなげているのだなと。ふだんは気にも留めずにいますが、そこで暮らす人たち、働く人たちの中に死者が宿っていると思えてきます。

三十年という、短いような長いような年月には、育み合い、培《つちか》い合う関係というものがあるのですね。利用のあり方が直系化しながら傍系化していく。それは、空に向けて枝葉が伸び広がるように目に見えるものではありません。地下深くへ、真っすぐに伸長させながら横へ、横へと広がる根の営みのように思えました。ソロでデュオを踊るうちに見えないつながりはトリオになり、カルテット、クインテットへと広がっていくのかもしれません。

16 通目

伊藤からのお手紙
←
2021.05.24

魔法陣

→ 村瀬さんへ

担当編集の星野さんを介して、村瀬さんが蜂《はち》で大わらわだと知りました。村瀬さん、お年寄りだけじゃなくて蜂のケアもされていたんですね。今年は分蜂《ぶんぽう》が多くて巣箱づくりが大変だったとか。無事にひと息つかれたでしょうか。

私も昨日、道端で蜂の死骸《しがい》を拾いました。たぶん日本ミツバチだと思います。すでに小さなアリが集まっていました。ネズミを食べるときは脳からですが、ハチを食べるときは胸からなのですね。

蜂の分蜂は集団レベルの世代交代ですね。切れ目が明確で、しかも横に分かれていく「傍系化」のパターンです。一方でよりあいの三十年は、地下深くにもぐりながら広がる根のような「直系化しながら傍系化していく」パターンだったと村瀬さんは書かれています。「よりあいという場所が、介護施設という機能集団を超えてきた」というのは、どういうことなのでしょうか。

よりあいで暮らす人たち、働く人たちの中に死者が宿っている、と村瀬さんは書かれていま す。さっき、つい「世代交代」という言葉を使ってしまいましたが、この表現はずいぶん傲慢で表面的な、目に見える葉っぱしか見ていない言い方なのだとハッとしました。死者ともチューニングしながら、今なお彼らが与えてくれているものに耳を澄ます。三十年続けてこられたことの凄味《すごみ》を実感しました。

深夜、ミチコさんの部屋で光るテレビの砂嵐とベッドの柵にかけられたオムツ。直接その様子を見ていない私には、ずいぶんSF的な光景に思えます。なんだか魔法陣みたいですね。光に照らされたミチコさんの顔は、きっと魔術使いか、怪しい科学者みたいな感じだったのではないでしょうか。

テレビは私たちにとっては「見る」ものですが、ミチコさんにとっては「照らす」ものだったのですね。なんとなく、殺菌効果もありそうだなと思ってしまいました。

配置と意味の関係に興味があります。丸が三つ横にならぶと「信号機」に見えるけれど、縦に三つならぶと「団子」になります。三角形に配置すれば「顔」でしょう。意味をつくり出すのは、丸というパーツではなくて配置です。

人間も、なんとなくそばにいるだけで親しくなったりします。まさにチューニングですね。向かい合って座るのと九〇度の角度で座るのでは話の内容が変わってきますし、球技ではフォーメーションが戦力に直結するのは言うまでもありません。さらに広げて考えれば、生物にとっての生きているということをつくっているのも配置ですね。体を構成する物質そのものは新陳代謝して変化していくけど、配置が変わらないから個体としてのアイデンティティを保つことができます。

三十年以上前、ミチコさんが現役だった頃、村瀬さん含め職員のみなさんは、テレビとオムツと柵がつくる配置の意味がわからなかった。それはミチコさんだけがわかる意味でした。いや、私がもしそこにいたら、その配置に意味があるかもしれないという発想すら浮かばなかったような気がします。

実は、配置に関してずっと気になっていることがあるんです。今日はそのことについて村瀬さんに相談させていただいてもよいでしょうか。

私は八年ほど前に、今住んでいる地域に引っ越してきました。細い川の近くの、一軒家が多い住宅街です。川は我が家から歩いて二分ほどのところをちょろちょろと流れています。駅やコンビニに行くときには、その川にかかる橋を渡っていくことになります。

橋を渡ると延焼を防ぐための小さな名ばかりの公園があり、つきあたりを右に曲がってすぐ左に折れると、小さな工場のような施設があります。外階段つきのプレハブの古い建物で、「こうじょう」というよりは「こうば」です。でも、プレス機の音がするわけでも、薬剤の臭いがただよってくるわけでもないので、もしかしたら「こうば」だというのは私の思い込みかもしれません。

その工場らしき建物は、道路から二メートルほど引っ込んだところに立っています。つまり、建物と道路のあいだには、スペースがあります。広さにして三畳ほどでしょうか。道路とのあいだに柵はないので、建てたときは駐車場のつもりだったのかもしれません。隙間からタンポポやホトケノザが生えていますが、地面はコンクリートで固められているので、庭ではないようです。

このスペースに、製造の部品ともつかない、廃棄物ともつかないものたちが、独特の配置をもって、置かれているのです。スペースの端に置かれているのなら、そこを物置として使っているんだろうなと考え、何も不思議には思わなかったはずです。ですが、配置は三畳のスペース全体にわたって展開されているんです。

それを「散乱」ではなく「配置」と呼びたくなる理由、つまり何らかの「意図」を感じる理由はふたつです。ひとつは、ものたちが、銅線や有刺鉄線で相互に結び付けられていることです。まるで、星座をわかりやすく示すために、星たちをつないでいるかのようなのです。ただ、その結び付け方は気まぐれで、結び付けられていないものもあり、「絡まっている」というのとも違います。

ふたつ目の理由、これが決定的なのですが、数日おきに、配置が変化するのです。先にお伝えしたとおり、駅やコンビニに行く道なので、毎日のようにそこを通ります。すると、かなりの頻度で、配置が更新されているのです。しかも、配置だけでなく、置かれているものもそのときどきで違っています。いつも置かれている「常連」もあれば、まれにしか登場しない「レアキャラ」もあります。

八年間ここに住んでいますが、一度もその工場に人が出入りしているのを見かけたことはありません。でも夜になると、一階の作業場らしきスペースには蛍光灯がこうこうとついていて、この建物が廃屋ではないことを示しています。つまり、配置は自然現象ではなく、一〇〇パーセントに近い確率で、人為的なものであると考えられます。

というわけで、私はこの「魔法陣」の様子を、ずっと観察し続けています。この配置はいったい何を意味するのでしょうか。現代アートの表現方法のひとつに「インスタレーション」というものがありますが、私にとっては、この魔法陣は現実世界の中に展示されたインスタレーションのようで、興味をくすぐってやみません。でも、八年鑑賞し続けても飽きない作品なんて、そうそうないですね。

ときどき写真に収めたりもしています。ただ、道路沿いとはいえ私有地ですし、頻繁に撮るのはためらわれます。でも、たまに「おおっ！」と思う配置のときがあり、ついついスマホを構えてしまいます。

次頁の図は、今日の配置の様子を描いたものです。この配置は先週末につくられ、それ以降、四日ほどそのままになっています。

〈図4〉

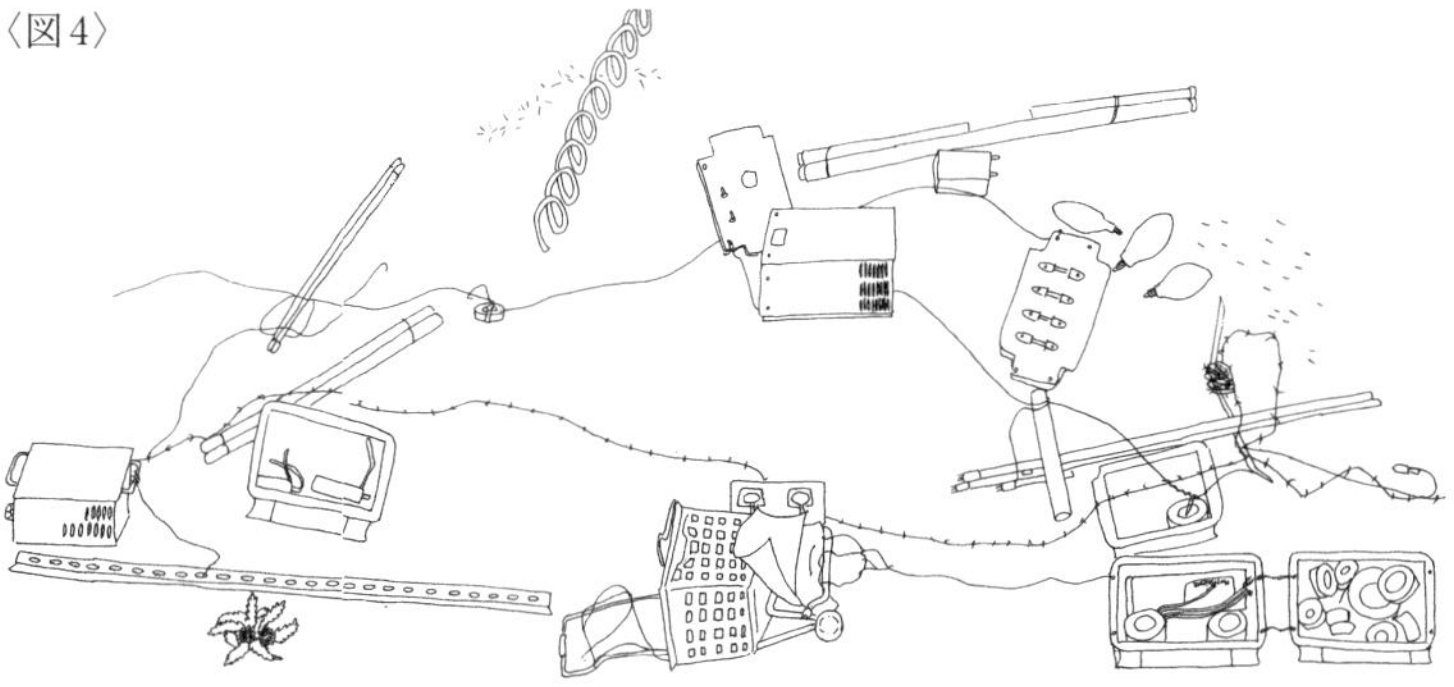

右下から順に書き出してみます。
・ばんじゅうのような四角いケース
・ドーナツ状の錆《さ》びた鉄製の輪（水に浸かっている）
・インクトナーのような筒状のもの
・細い蛍光灯のようなもの（紫外線用？）
・ガラス管
・クリオネのような形の電球
・配電盤のような青い板
・測定用の機器のようなもの
・オシロスコープのようなもの
・買い物カートにアルミ板を巻きつけたもの
・透明ならせん
・釘
・モーター
・黒い棚柱
・銅線
・有刺鉄線

16通目 → 魔法陣（伊藤亜紗）

書き出したからといって何かが明らかになるわけではないのですが、そもそも名付けるのが難しいものたちばかりなので、書き出すだけでもひと苦労です。

横を通りかかったときにパッと目を引かれたのは、透明ならせんでした。奥に置かれているので素材が正確に確認できませんが、おそらくプラスチック製だと思われます。らせんは伸び縮みできることに意味がある形状だと思っていましたが、これは硬い素材でできているので、そのメリットは生かせそうにありません。となると中を何か粒状のものが回りながら滑り降りていくのかなと思いますが、なぜそのような時間稼ぎが必要なのかはよくわかりません。

「オシロスコープのような機器と細い蛍光灯の束」という組み合わせが、左手前と右奥に二回登場していることも気になります。もしかしたら、これらは組み合わせて使うのかもしれません。ただ、蛍光灯の束というのが少し妙です。まるでネギのように束ねられているのですが、奥の蛍光灯はそのうち一方が両端だけで中間部分がありません。

手前の買い物カートのような物体も気になります。かごの部分は黒いプラスチック製なのですが、薄いアルミ製の板がラッピングのようにくしゅくしゅっと巻きつけてあるんです。このカートは必ずと言っていいほど登場する配置の「常連」なのですが、いつもこんなふうに地面に倒された状態で置かれています。

くらくらと目眩がしてくるのは、配置の中にもさらに配置があることですね。たとえば釘の配置。釘は、クリオネのような電球の右側と、透明ならせんの左右に多く置いてあるのですが、クリオネの近くでは毛並みのように同じ方向を向いているし、らせんの近くでは全体で砂州のような形をつくっています。決してランダムではないのです。ばんじゅうの中にある鉄製の輪も「常連」ですが、この配置も何か意味があるのかもしれません。

そして特徴的なのは、なんといっても、置かれたものの多くが有刺鉄線や銅線で結び付けられていることでしょう。これを「有機的」といっていいのかわかりませんが、ものとものは物理的に、あるいは電気的に、相互に関係付けられているようです。もしかすると、これは操《あやつ》り人形を床においたような状態なのかもしれません。つまり、本来は三次元的に配置されることによって有機的に働き出すものが、仮にこのように平面に置かれているのだ、と。機械が完全に脱力したようなことなのかもしれません。

でもだとすると、その三次元的な配置はどのような働きをもっていたのでしょうか。ルーブ・ゴールドバーグ・マシン（アメリカの漫画家、ルーブ・ゴールドバーグが考案した、仕掛けが連鎖して簡単な作業を実行する装置）のように、順番に何かがめぐっていく仕掛けなのでしょうか。めぐっていくのは、パチンコ玉のような物体なのか、あるいは形のない電気や光のようなものなのか。工場であるとしたら最終的に何かが生産されるのでしょうが、いったいそれが何なのか、まったく想像がつきません。ルーブ・ゴールドバーグ・マシンは何も生み出しませんから。

あるいは、この有刺鉄線や銅線は、ものとものを結び付けているのではなく、相互に拘束しているのかもしれませんね。二人三脚の結ばれ合った足と足のように、まさに足をひっぱり合うための線なのかもしれません。たとえば単に「振動で落ちないようにする」ためである場合のような。あるいはこの持ち主は案外と用心深くて、盗難を防止するためにこれらを結び付けているのかもしれません。有刺鉄線の存在はこの解釈を支持しているように見えます。

でもそもそもなぜ、屋外にこれを置いているのでしょうか。単に置き場がなかったからかもしれませんし、ミチコさんのように乾かしているのかもしれません。日光や紫外線に当てる必要があるのかもしれないですし、もしかしたら何かを測定しているのかもしれません。あるいは重要なのは実は三畳のスペースのほうで、そこに猫や人が立ち入らないようにするためのバリケードとして、このすべては置かれているのかもしれません……。

というわけで、この八年くらい、ここを通るたびに、もやもやとした思いに苛《さいな》まれています。いったいこれは何なのでしょうか。

いや、もちろんこのもやもやは私の楽しみでもあって、心のどこかでは、いつまでもこの魔法陣の謎が解けないといいなとも思っています。

それでもいつか、ふっと答えがわかってしまうときがくるのかもしれません。答えは向こうからやってくるものであって、抗えませんから。

第四章

変化は「躊躇いと待ちの溜まり場」で起こる

二〇二一年夏

17
通目

村瀬からのお手紙
←
2021.06.06

「営み」に蓄積する知性

→ 伊藤さんへ

お手紙が遅れてしまいました。

近所に住む老夫婦を師匠に、日本蜜蜂の観察飼育をしています。よりあいの森の隅《すみ》っこに巣箱をささやかに置いています。この春、思いもしない勢いで分蜂し始めました。ピークを過ぎたのですが、まだ、終わった感じがしません。

分蜂する数日前に予兆があります。雄蜂が気ぜわしく飛び始め、それに合わせるかのように、働き蜂たちもブンブンと羽音を立てて舞い飛びます。まるでダンスです。みんなで、いつ飛び立つか打ち合わせをしているようです。よく晴れた、気持ちのよい日を選んで、巣を離れます。七〇〇〇匹から一万匹の大所帯。

師匠に「明日、分蜂しますかねぇ?」と聞くと、「それは、蜂に聞いてくれ」と答えます。もしかしたら、蜂にもわからないのでは、と僕は思うのです。実は打ち合わせなどないまま、うまく踊れた勢いで巣分かれしているようにも感じます。個々がそれぞれに踊るうちに同調が深まり「今だ！」という瞬間がある。もちろん、引っ越し先は事前に探索しているようですが、巣立ちは「いのち」をかけた大冒険です。

女王蜂に全体を指揮するような権限はないといいます。雄蜂はいても、王様はいないそうです。では、誰があれだけの群れを統率しているのでしょうか。集団にある知性というものを感じてしまいます。「食べる」「排泄する」「眠る」「生殖する」「育てる」、そのために「働く」という極めてシンプルな「営み」に蓄積する知性。

体によるコミュニケートは密度の高い合意形成を集団にもたらすのかもしれません。「太陽の位置をたよりに蜜源を仲間に知らせるダンスをする」と知ったときは、心が躍りました。そのようなダンスがあることを発見し解読したカール・フォン・フリッシュはなんという人でしょう。

蜜蜂たちは生理的「快」を自明の理とする集団ではないか？　と妄想しました。寒い日や雨の日は、静かにしています。気温が上がり始めると動きが活発になり、日が沈む前には帰巣します。冬はみんなで玉になって寒さをしのぎ、溜め込んだ蜜を分け合い、飢えをしのぎます。

時折、巣の入り口に集まって羽をブンブンしています。その姿は、かなり可愛い。羽を扇風機に変えて冷気を引き込み、中に溜まった熱気や湿度を下げているらしいのです。気化熱を利用して巣を冷やすといった手段もとるそうです。外で飲み込んだ水を巣内で撒《ま》くというのですが、それは雀《すずめ》の涙にも程遠い蜜蜂のひと滴《しずく》です。集団の力を信じて一匹が諦めないのだとすると恐れ入ります。一匹の力を信じているから、集団が力を発揮するともいえる。

では、みんなが一斉に「右に倣え」であるかというとそうでもなくて、雨が降ろうと、寒かろうと、朝早くから、夜遅くまで、活動する者もいます。時間差で活動しているのかもしれません。

人間の社会だと、技術を身に付けることで個体差を克服しようとします。よって、個体差が注目されてしまいます。さらには、道具を使って能力を拡張していきます。そこにも知の集積がありますが、蜜蜂と人間は起点が同じだとしても手段が違います。

蜜蜂たちは個体差を気にせずに、個体数の量で補っている感じです。「お前が運んでくる花粉の量、ずいぶん少ないぜ、俺みたいに頑張れよ（スキルＵＰしろよ）」なんて言っていないでしょうから。

なんか、無理なく働いて、みんなで快適になるように動いているように見えるんです。個体差にある限界を超えない範囲で、それぞれが無理なく働く。どのように働くかは、個々に委ねられている。それぞれの個体に権限があっても、集団として成立するのは生理的な「快」をベースにしているからではないか。そのことが結果的に集団を強くする。体の生理的「快」を集団で保ち、個々の命と種が守られている。そこには上部・下部といった命令系統も階層もない。そう妄想して、勝手に描いた集団性に憧れています。

僕たちも生理的な「快」に根差している集団のはしくれです。蜜蜂たちにあると妄想した集団性を僕たちも創れないだろうかと、妄想がさらに膨らんでいます。

生理的な快適を得るための重要なポイントはタイミングです。タイミングのあることを知り、それに合わせる、もしくは待つ。そうしないと「快」は得られません。お腹が空いたときに食べる、オシッコしたいときにする、眠たいときに寝る、体調が整わないときは静養して復調を待つ。

「老人介護はタイミングがすべて」。ある職員がそう言いました。僕もその通りだなぁと思います。ぼけや認知症を抱えたお年寄りに関わるとき、大切なアプローチとして「説得するのではなく、納得できるように」という鉄則があるのですが、深いぼけを抱えたお年寄りに関わるとき、その方法に限界を感じることがあります。結局、納得の押し付けで終わっているのではないか。

説得も納得も意識的な営みで合意が成立する感じですが、タイミングが合うというのは、体や感覚の営みをベースにして合意する感じです。ぼけ・認知症状にかかわらず、深い老いと関わるとき、体や感覚を媒介に合意したほうが、しっくりすることが多いです。

いたるところにオシッコをするお爺さんがいました。人って一緒にいるだけで同調しますよね。お爺さんは、よりあいを飛び出して街中を歩き回る人だったから、ずいぶん、一緒に歩きました。一緒に歩くとさらに同調が深まります。

「お爺さんはオシッコしたいんじゃないかな」と感じることが増えてきました。予見にもとづいてトイレに誘います。ドンピシャでオシッコが出ると、タイミングをつかんだ喜びが湧いてきます。けれど、それって、なんか変です。生理的なものって、他の誰でもない「わたし」が感じるものです。それを他者が予見して先手を打つように「オシッコですか？」と介入してくる。お爺さんは、どんな気持ちだったろう。嬉しいよりも、ちょっと哀しかったんじゃないか。

あるとき、誰にも予見されることなく放尿されたオシッコがしっかりと染み込んだ絨毯《じゅうたん》を、うっかり踏んで靴下が濡れました。そのとき、お爺さんは嬉しかったんじゃないかと思いました。ぺろりと舌を出して「やった、オシッコ踏んでやんの」と、ほくそ笑むお爺さんの声が聞こえた気がしました。

どんなに工夫してアプローチを重ねてもお風呂に入ろうとしないお婆さんに、「どうせ、入らないだろうな」と高をくくって「入る？」と誘ってみると、あっさりと「入る」と言う。慌ててお風呂を準備したことがあります。僕の意図的な誘いとお婆さんの意識的な選択がタイミングよく一致したというより、間が合ったという感じです。僕はそのタイミングにささやかな喜びを感じます。それは、後にも先にも一回こっきりのお風呂。

そこで、インスタレーション、ループ・ゴールドバーグ・マシン、猫除けかもしれない「魔法陣」です。まず気になったのが、「こうば」「駐車場」「公道」という空間の位置関係です。

三カ所あるよりあいの建物には、共通した空間を用意しています。縁側です。僕らにとって縁側はとても大切なんです。中でもない、外でもない空間。第三の場所。よりあいの「中」「縁側」「外」という空間の配置が、光や風を取り込んで生理的「快」を与えてくれるだけでなく、魔法陣的力を発揮してくれます。「駐車場」と「縁側」は似通う点があるのかもと考えました。

「家に帰ります！」と勢いよく飛び出したはずが、縁側に吹き溜まる枯れ葉が気になって「帰るモード」から「掃除モード」になる人。同じく勢いに任せて部屋から出たものの、縁側から眺めた風景に改めて「外」を感じてしまい、「帰る」ことに躊躇《ちゅうちょ》している風情の人。「帰れない」ことを知っている無意識が、「帰りたい」と逸《はや》る意識を諫《いさ》めているようにも見えます。これは「中」のエピソードです。

「外」のエピソードは、よりあいに通うことのできないお婆さん。送迎車に乗れないので、息子さんが車椅子にお婆さんを乗せてやってきます。ふたりで縁側に腰かける。僕らはお茶を出して迎える。「母さん、入ってみるね？」と息子さんが誘うのですが、お婆さんは「嫌」のひと言。そんなやりとりを数カ月繰り返して、よりあいの中に入る日が訪れました。

共通しているのは躊躇できる「溜め」の場所になっていることです。そして、お年寄りの「気」を変える。僕らが直接支援しないですむので、まさに「魔法陣」です。

中からは「外」しか見えません、外からは「中」しか見えません。縁側は「中」と「外」が同時に見える空間です。「駐車場」の魔法陣にも同じ性質があるのかなぁ。「こうば」と「公道」に挟まれた「駐車場」は「溜め」ることで「気」の変わることを待つ場所かもしれません。「溜め」は「タイミング」をより計りやすくしてくれます。合わせやすくも、外しやすくもするのです。

そう仮定して考えると、主宰者（こうばの人？）は、あの駐車場に配置した「物」たちの力を借りながら、タイミングを合わせたり、外したりして、「何」かの「気」を変えようとしているのかもしれません。

よく、土地にある「気」を鎮めるために家相や方角を大切にする人がいますよね。昔の人は土地と方角を見て、神社や仏塔を建てたり、門や石を配置したと聞きます。ばんじゅうとクリオネ型の電球、オシロスコープや釘などと、それらをつなぐ有刺鉄線が、仏塔や巨石と同じ役割をすると気が付いてしまったのかもしれません。日々、福にタイミングを合わせ、邪を外すために配置の研究をしている。

福岡には宮地嶽神社《みやじだけじんじゃ》というところがあります。ある日、海に沈む太陽が参道・鳥居とシンクロしながら本殿とつながります。鳥居の中にすっぽり収まりながら海に沈む太陽。四方に放射する夕焼けが参道を照らすと、一本の「光の道」があらわれて本殿を射します。それは、年に二回しかありません。

人間の太陽とシンクロしたくなる願望を体現した場所は世界にもありますよね。エジプトのアブ・シンベル神殿。メキシコのシビルチャルトゥン遺跡。神殿や遺跡にかぎらずとも、人はなぜ、一瞬をかけて太陽とシンクロしたがるのでしょうか。農耕、祭事、自然科学……蜜蜂のダンス。

「駐車場」にある魔法陣は太陽が放つ光をとらえようとしているのかもしれません。または、不可思議に配置された「物」たちが光に照らされることで生まれる影に「何か」が浮かび上がったりするのかも。それも年に一〜二回のタイミングで。それだと、少し高さが足りないかな。

ひょっとすると、風かな。配置された「物」を風が抜けるときに音がする。万が一そうなら、どんな音なのか気になります。風が演奏する瞬間を楽しめそうです。さらに、その音にある周波数と「こうば」が共鳴・共振すると「何か」が起こる。雨も風と同様にタイミング次第で「何か」が起こりそうです。

土、太陽（光）、風、雨（水）。あまたある自然にタイミングを合わせる、外す。自然にある法則性を計算し尽くし、一瞬をとらえる。それは極めて人為的ですが、奇跡を感じる感動があります。それでいて、謙虚さと不遜《ふそん》が裏腹にあるようで変な感じです。

伊藤さんが見つけた「魔法陣」はその日から八年も続いています。もっと前から、行われている可能性もあるんですよね。ひっそりとつくり続ける主宰者。その営みを観察・鑑賞してきた伊藤さん。その事実だけでも世界は面白さで満ちていますね。いつまでも、謎であることを祈ります。

おわりに、「よりあいが機能集団を超えてきた」という件です。機能集団とは社会学で使われる用語ですが、目的が明確で、その達成のために人為的・計画的につくられた集団を言います。そこから考えると、確かによりあいは介護を目的とした機能集団です。けれど、何というか……。

ご主人が深いぼけを抱えたことで、よりあいと関わることになった妻がいます。妻の人柄もあって、僕たちは「お母さん」と呼んでいます。十年の利用を経て、ご主人は天寿を迎え、一緒に看取りました。当時、お母さんは七十九歳ぐらい。夫が亡くなっても、僕たちのためにヨーグルトをつくり続けてくれました。

娘さんは独り暮らしのお母さんを心配して同居を始めます。お父さんの看取りを縁に、娘さんはよりあいの調理員として働くことになりました。ところが、病気でお母さんよりも早く他界してしまいます。

お母さんは再び独り暮らしとなり、今は九十九歳です。昨年から転倒が増えました。そのたびによりあいに寝泊まりし、回復すると自宅に帰ります。そこには介護保険上の契約や利用者といった関係はありません。

なぜ、お母さんは僕たちにヨーグルトをつくり続けたのでしょうか。なぜ、僕たちは契約外のことをするのでしょうか。ヨーグルトは僕たちやお年寄りの便通のため、お母さんへの支援はその必要がお母さんにあるからです。でも、それだけではありません。

お母さんも僕たちも、今は亡きご主人に顔向けできるように（意を汲み取るために）行動している節がある。死者から報酬はありませんし、社会からの求めでもないのですが、お母さんとご主人のことを知らない、よりあいの若い世代にも「内発的な関係」が承継されています。

お母さんは言います。「お父さんがぼけたお陰で、私はよりあいとつながった。こうやって生きていけるのは、お父さんの導きだと思う」と。このような言葉は他のご家族からも聞こえてきます。僕たちも死者の導きのもとに動いている、動かされていると感じるときがある。

自己の決定に、実在しない第三者の存在を招いて関与させているようです。第三者は死者にかぎりません。その働きには自己の利益を拡大するための人為性・計画性を超える側面があるのではないでしょうか。まだ、表現しきれていませんが……。

楽しく書けましたが、とりとめもなく、筆を走らせました。すみません。

追伸：僕は「薄いアルミがくしゅくしゅと巻き付けられた買い物カート」が常連であることに「やっぱり」と思ってしまうのですが、その理由がわからず、もやもやしています。

18 通目

伊藤からのお手紙
←
2021.06.19

時間を溜めるうつわ

→ 村瀬さんへ

魔法陣のまわりに蜂の群れがやってきました。それからお年寄りと宮地嶽神社と世界各地の古代遺跡も。相変わらず謎だらけの魔法陣ですが、一気ににぎやかになりました。我が家の近所のあの土地を、村瀬さんに祝福してもらったような気分です。ありがとうございました。タイミングが合うって面白いですね。いや、むしろ間が合う、と言うべきかな？　それは説得したり納得を促したりすることではなくて、体や感覚をベースにして合意することである、と村瀬さんは書かれています。そんな合意が成立するのは気が動いているときで、それはたとえば縁側のような内にも外にも転びうる「躊躇《ため》い《ら》と待ちの溜まり場」でこそ起こりうる。

北九州を拠点にホームレスの支援をされている奥田知志《ともし》さんが、オンラインのトークイベントで話していたことを思い出しました。奥田さんが声をかけたホームレスの方の中に、七年間、支援を拒み続けた方がいたそうです。お弁当を持ってその方のもとを訪れても、「放っといてください」の一点張りです。それが七年。

ところがあるとき突然、その人が「よろしくお願いします」と不意に支援を受け入れたのだそうです。あまりの唐突な出来事に、奥田さんはその人が受け入れたということを感知できなかったそうです。拒まれることにあまりに慣れすぎていたからです。お婆さんに急にお風呂に入ると言われて慌てた村瀬さんと同じように、奥田さんも相当焦ったのではないでしょうか。受け入れた本人も焦ったかもしれませんね。間が合うのは、お互いが自分に対して手薄になっているときのような気がします。

この手薄さを、奥田さんは「フチ」という言葉で語っています。つまり真ん中ではなくヘリの部分です。奥田さんに言わせると、専門職の人は、人を動かすために、決め台詞のようなかっこいいひと言を使おうとしがちです。要するに、ズバッと真ん中を突こうとするのです。でも、それはあまり意味がないことが多い。むしろ「薄氷を踏むように遠くから少しずつ近づいていく」ほうが重要だと奥田さんは言います。

それは別の言い方をすれば「数打ちゃ当たる」戦法です。質より量。まさに「溜める」やり方ですね。奥田さん自身はキリスト教の牧師さんですから、聖書から相応しい一節を引いて、困っている人に聞かせる、なんていうこともできるはずです。でも奥田さんはそれをしません。そういう強い言葉よりも、何気ない言葉をたくさん溜めていったほうが、間は合いやすい。間を合わせるためには的を外さなければいけない、というのは至言ですね。

「利他」と「溜め」の関係にも大きな示唆をいただきました。私はこれまで利他をうつわモデルで考えてきたのですが、うつわは想定外のことを受け入れるスペースであるだけでなく、躊躇いと待ちを溜めておくための容器でもあったわけですね。

この容器がいったいどんなものなのか……。村瀬さんのお手紙を読んで私がイメージしたのは、畑や庭においてあるコンポストです。野菜くずや落ち葉を入れておくと微生物が分解し、堆肥になる、あの底抜けの容器です。入れられるのもくずという「フチにあるもの」ですし、量が質を変えるというのもふさわしいのではないかと思いました。

それは同時に時間を溜めるうつわでもあります。お婆さんと村瀬さんの一度きりの入浴や、ホームレスの方と奥田さんの七年越しのイエス。そこには、数カ月で堆肥ができてしまうコンポストよりもはるかに長い時間が溜まっています。「量が質を変える」は「時間が出来事をつくる」ということでもありますね。

時間が溜まるというのは、平たく言えば、「つながり続ける」ということなのかなと理解しています。つながっているというベースがあるから、ふいに気が変わったときに間を合わせることができる。九十九歳のお婆さんの転倒が増えたときに、よりあいの人々が、介護保険上の契約や利用者といった関係を超えて彼女を一時的に受け入れたのは、常につながっている、一緒にいるという感覚があったからなのではないかと思います。

その意味では、彼女のつくるヨーグルトや、亡くなったご主人や娘さんの存在そのものが、うつわであり、コンポストなのかもしれませんね。ヨーグルトや死者たちが、よりあいに集まる人々を世代を超えてつなげている。

ヨーグルトも死者も終わりがないのが面白いなと思いました。ヨーグルトはそれ自体が発酵のわざですから、牛乳さえ加えていけば半永久的につくり続けることができます。死者も死が訪れないという意味では永遠です。そういう存在こそ第三者に、つまりうつわになることができるのかもしれません。


海に沈む太陽の光が参道を通って本殿に射し込む宮地嶽神社の光景、画像検索で見てみました。すごいですね。「謙虚さと不遜が裏腹」という言葉に笑ってしまいました。以前、電車で出会ったおじさんを思い出します。私はドアの横のところに立っていたのですが、「あ、ちょっとすみません」「ほんと、すみませんです」なんてお辞儀しながら近づいてきて、気付いたら私が立っていたポジションを奪っていたんですよね。キツネにつままれたような、夢のような時間でした。

宮地嶽神社に射し込む太陽の光に、カミュの『異邦人』が重なりました。中学生の頃だったか、読んでえらく腑に落ちたことを覚えています。主人公はひょんなことから浜辺でアラビア人を殺してしまうのですが、法廷でその動機を問われて「太陽のせいだ」と答える、あの話です。

私は小学校も中学校も地元の公立で、それなりに荒れた地域だったので、先生の思い出といえば「なんでこんなことやったんだ！」と不良風の生徒を問い詰めている姿です。不良が「は？ノリでやったに決まってんじゃん」みたいに答えると先生はめちゃくちゃ怒るのですが、まあ、たぶん不良が正しいですよね。太陽のせいで人を殺すという出来事の起こり方に、ものすごいリアリティを感じました。

作品の描写によれば、海辺でアラビア人と鉢合《はちあ》わせたとき、ちょうど主人公のムルソーの頬に太陽の強い光が当たっていたのですよね。太陽から逃れようと一歩前に踏み出すのですが、それで迫られたと思ったアラビア人が匕首《あいくち》を抜く。と、ムルソーの目に汗が入り、前が見えなくなってしまう。ムルソーはピストルの引き金に手をかけて、アラビア人を殺してしまいます。

結末は悲劇的ですが、これも一種の「間が合う」だと思います。主人公は、明らかに太陽のせいで自分に手薄になっています。殺人は「フチ」で起こっています。第二部の裁判のシーンが滑稽なのは、司法制度がフチで起こったことを真ん中でとらえようとするからですね。

実は『異邦人』のことを思い出したのには理由があります。最近ずっと天気のことを考えているんです。晴れたり、降ったり、吹いたり。天気は人々をどのようにつなげるのだろうか、というのが私の問いです。

誰しも多かれ少なかれ天気による体調の変化を感じます。ところが、ある種の障害や病気を抱えている人の中には、よりダイレクトに天気の影響を受ける人々がいます。より天気に巻き込まれながら生きている人たちです。

たとえば、幻肢痛《げんしつう》を持っている人たち。低気圧が近づくと痛みがかなり強まると言います。しかも、その「近づく」がフィリピン沖だったりする。当事者たちのSNS上の投稿を見ると、よく東アジアの天気図が貼ってあります。「痛いと思ったらやっぱりね」と。幻肢を知らない者にとってはまだ存在していない低気圧が、幻肢を持つ人たちには明確に存在するものになっている。幻肢歴二十六年の森一也《もりかずや》さんは、「気圧の波をサーフィンする」と表現してくれました。

病気や障害でなくても、農業や漁業を営む人、あるいはおそらく養蜂家も、同じように天気に巻き込まれた生活を送っているのではないかと思います。商売ともなれば、市場の流通という人間的な事情と、天気という予測はできても思い通りにならないものを調整し続けなければなりません。

果たして、天気はヨーグルトや死者のような「うつわ的第三者」になりうるのでしょうか。確かに天気にも終わりがないのですが、天気は圧倒的に未来志向であるように思います。みんなが気にしているのは、一時間後、三日後、一カ月後の天気であって、一週間前や三カ月前の天気ではない。予測し、それに備えようとします。つまり、天気は「変化する波」であって、どうも「溜まる」ことがないように思える。

一方で、天気は離れたところにいる人をつなげる力を持っています。「今福岡で雨が降ってるから、この雲が明日あたり東京に行くかも」といった具合に。そうすると、みんなでひとつの天気というものをケアしているような感覚が生まれてきます。天気に影響を受けた自分の体調の変化は、天気の症状であって自分の症状ではないのではないか？　天気を介した体や社会のあり方について考えをめぐらせています。

今回は、前回の村瀬さんを自分なりに咀嚼《そしゃく》し、最後は独り言のような内容になってしまいました。カレンダーを確認したら、オンラインで対談をさせていただいたのは、昨年の七月十八日だったのですね。あれからまだ一年とは信じられません。もう三年くらいやりとりをさせていただいている気がします。手紙ならではのつながりのつくられ方というのが確実にありますね。あのときのイベントのサブタイトルどおり、時空を超えてきたかもしれません。

19
通目

村瀬から
のお手紙
←
2021.07.04

お迎えを待つ

→ 伊藤さんへ

オンラインの対談から一年が経つのですね。それから始まった往復書簡を「お手紙」と呼んでくださることが、とても新鮮でした。ちょっと待ち侘《わ》びる感覚がありました。僕の日常において、そのような感覚が少なくなっていることにも改めて気が付きました。

昔、駅には「伝言板」という黒板がありました。待ち合わせの時刻が過ぎても予定の電車から降りてこない。待つか、それとも伝言を書き残して立ち去るか。イライラしたり、心配したりと、心を乱しながら待ち侘びている人が多かったことでしょう。その当時の駅は「躊躇いと待ちの溜まり場」そのものだったでしょうね。

今は携帯電話があるので、そんなこともありません。すぐにつながるので、どうなっているのかわからない状況にヤキモキしないですみます。けれど、その即時的なところに厄介さも感じます。「怒り心頭に発する」とはよく言いますが、直情に任せて電話をかけたりSNSに投稿したりしてしまうと、取り返しのつかない事態に及ぶこともあります。ひと晩眠って体を休ませれば腹の虫も収まることだってあるのですが……。どうにもならない状況に身を委ねて成るに任せることが難しくなりました。

「待つ」ことは「つながり続ける」ことへの表明でもありますね。

あるお爺さんのことを思い出します。たまごボーロと酒しか口にしない人でした。あまりの偏《かたよ》りに「栄養のバランスが悪いんじゃないか」と関わる人たちが心配します。ヘルパーさんを派遣して食事をつくるのですが、箸をつけようとしません。それどころか、せっかくつくった「ごはん」を皿ごとひっくり返してしまいます。明らかな抗いの狼煙《のろし》です。

そんな調子ですから、そうそうにヘルパー派遣を中止して「入院を促そう」という話に傾きました。確かに生活は不健康に見えます。けれど、入院はちょっと勇み足です。あんなに酒を呑むのに肝臓に悪い所見が見当たらないと医者が驚くのですから。

とりあえず、たまごボーロを二〇〇粒も摂れば一食あたりのカロリーに申し分ありません。その食生活に任せながら、とにかく、今はヘルパーさんが「ごはん」をつくり続けることが必要であると思えました。つくり続けてさえいれば、食べることを選択する日がやってくる気がしたのです。

ヘルパーさんのつくった「ごはん」があるからこそ、お爺さんは「食べない」という選択ができました。それは、お爺さんが人とつながっている証《あかし》でもあります。断られるために食事をつくることにしました。

やがて、ほんの少しだけヘルパーさんの「ごはん」に手を付ける日がやってきましたが、たまごボーロが主たる食事であることに変わりはありませんでした。大きな変化は違う形であらわれます。同様に断られ続けていたデイサービスに「行ってやってもいい」と言い出したのです。

伊藤さんの言葉を借りれば、ヘルパーさんの「数打ちゃ当たる」戦法が、時間をかけてお爺さんの「気」を変えたのです。躊躇いと待ちの溜まる坩堝《るつぼ》で生まれた出来事ですね。「待ち」とは「稼働しない時間」に付き合うことでもあり、ヘルパーさんは「嫌」を溜め込むコンポストだったのですね。

立ち上がるまで待つ。歩き出すまで待つ。食べ終わるまで待つ。ウンコが出るのを待つ。目覚めるまで待つ。あの世からのお迎えを待つ。老いの世界はまさに、「待つ」のオンパレードです。

深い老いを迎えたお年寄りの「歩くか、歩くまいか」は、当事者の意思による選択というより、「それは体に聞いてくれ」といった具合に、成るに身を任せている感があります。あるお婆さんに「歩けますか？」と聞くと、「はぁ？」という顔をして自分の足に「歩きますか？」と聞いていました。お婆さんも体が動き出すのを待っている。

期待して待つ。首を洗って待つ。待ち焦がれる。待つにもいろいろあるのですが、やはり、「お迎えを待つ」は僕にとって特別です。その瞬間に間に合うようにと、努めてしまいます。逝《い》く息を引き取る瞬間を見届けようとするのはなぜだろうかと、自問するときがあります。生きている人から「その瞬間に立ち会ってくれ」と頼まれたことはありません。生きているあなたに、もう二度と会えないからでしょうか。

ひと昔前のことです。あるお婆さんにお迎えがきたのですが、予見できませんでした。というか、当初の予見がすっかり外れてしまい、見当がつかなくなっていました。冬眠するかのような体の穏やかさに、死への着地を感じ取れなくなっていたのです。

思いきって休みを取ったその日に、お婆さんの様子が変わりました。「ちょっと、呼吸が……今から動画を送りますね」と職員。携帯電話の画面には喘《あえ》ぐお婆さん。そんな形でお年寄りの呼吸を見るなんて、初めてのことです。雰囲気は伝わるのですが、モニター越しだとよくわからない。

指先は「フチ」なんですね。お手紙を読んでいると、看取りは互いの体の「フチ」を合わせていっているんだなぁと思いました。指が熱いと感じたら、その時点で熱いんです。そこに、思考の余地はありません。熱すぎたらクーリングして、冷たすぎれば温める。呼吸がゼイゼイすれば、ゼイゼイしない体の向きを見つける。体の反応に体が応えて動く局面があります。死に逝く体の「フチ」を触る指先は内部の躍動に耳を澄ませます。

天寿を迎える体は弱々しくありません。それは、僕の感覚的な理解です。

体内に残されるかぎられた水分が隅々に行き渡るように、細胞や臓器は協力し合う。オシッコやウンコ、すべての老廃物を滞らせながら腸は水分を再吸収する。ゆっくり、まったりと活動しつつ、心臓と肺は忙しくなる。粘度の高い血液を循環させるために心臓は圧を上げ鼓動を早める。息苦しそうな細胞たちと臓器に応えて、肺は一生懸命に拡張し収縮する。高回転の熱気と滞りの冷気に包まれた体にある連携と連動は、体史上絶好調を迎える。

指先の「フチ」で、死に逝く体の「フチ」を触る。そこから伝わってくるものは、「カサカサ、シットリ、ピタピタ、サラサラ」。「ヒンヤリ、ポカポカ、ジリジリ、カンカン」。「トク、トク」。「ドク、ドク」。「ドックン、トク、トク」。「スヤスヤ、ヒーヒー、スースー、パクパク」だったり、します。

それは、強かったり、弱かったり。ゆっくりだったり、速かったり。浅かったり、深かったり。動いているのに触れなかったり。体はとても穏やかに躍動していて、そこにある恒常性を邪魔しないほうがよいと思えてきます。

いよいよ最期になると「教えてもらう」ために触ることは控えめになって、生理的に快適であるためだけに触り続けます。「ジトジトがサラサラ」になり「ゼコゼコはスヤスヤ」となるように。

お迎えを待つときに、僕たちが気を付けることは「阻害《そがい》しない」ことです。老衰で死ぬことは極めて自然の成り行きです。僕たちが特別なことをしなくても、それは自ずと成る。コンポストの中のクズたちが土に還るように。

そうやって、お迎えを待っていると時間がゆっくり流れ始め、空間に粘りが出てきて、まったりする。ともに生きることは躊躇いと待ちの連続です。看取りはそのひとつに終止符が打たれる場です。そこに生じる「ねぎらい」のようなものから「つながり」はさらに深くなるように思えます。それは死者が生者に残す「縁」かもしれません。

お迎えのときを肌で感じると、潮の満ち引きの時間を調べることがあります。当たったり、外れたりします。夜更けから朝にかけて息を引き取る人が多く、昼の日中に亡くなった人の記憶はありません。天気と関係があるのでしょうか。

「天気に影響を受けた自分の体調の変化は、天気の症状であって自分の症状ではないのではないか？」という伊藤さんの自問自答はすごく面白いです。さらに「天気は圧倒的に未来志向であるように思います。みんなが気にしているのは、一時間後、三日後、一カ月後の天気であって、一週間前や三カ月前の天気ではない」と、お手紙にありました。

確かに、天気に対する僕たちの志向は「未来」にばかり向いていますね。人間には「より、もっと」という癖があって、大量の生産と消費を高回転させる現在のシステムが、その癖に拍車をかけている感じもします。

そもそも、天気は「いま・ここ」ですよね。太陽の光を受けて、大地は熱気を、森は冷気を、海は水蒸気を生み、風と雲と雨を育てる。風と雲と雨は成長しながら大地と森と海を耕す。生き物たちも分解エネルギーを大いに発して、その営みに乗っかります。

太陽と地球、そこに住まう生き物や物質、宇宙にあるすべての営みが同時に絡み合った集大成が天気に生《な》る。天気自体は「いま・ここ」に生っていて、「変化する波」であり「溜まる」ことのない瞬間の連続であるように思えます。

人間生活との関係から考えると、天気は個々の体に「快」「不快」を与えるだけでなく、命の与奪《よだつ》に深く関わります。それは、家族や一族の歴史を変え、共同体を繁栄させる一方で壊滅させたりもする。天気とその痕跡には人の情念が深く溜め込まれているようにも感じます。天気にある複雑怪奇さに、人は祈らざるをえなかったと思います。

干ばつの厳しい国や地域にある雨乞いには、「人の気」を体ごと届けて「天の気」を変えようとする本気があります。無鉄砲な謙虚さと情動的な不遜に感動すら覚えます。

ともかく、生き物にとって、ご機嫌な天気は活動を好調にしますし、荒ぶる天気は絶好の骨休めになります。虫たちは雨に打たれてまで働きませんし、強烈な日差しに射られれば葉陰に隠れます。寒さには冬眠して春を待ちます。

ご機嫌な天気にも荒ぶる天気にも「ケア」の側面があると思うのですが、人間社会はその「ケア」から遠ざかった感があります。天気に左右されることなく大量に生産することを計画し、着実に納期が守られ、大量に消費して経済を潤すという真面目で独りよがりのシステムは、判で押したような安定ぶりを人に求めます。天気とともにあった農林水産業も、今やこのシステムで稼働する無理が余儀《よぎ》なくされているように思います。

滞りなく生産するために「待ち」を過剰に無くしてしまうと、自ら回転させた回し車のスピードについていけず弾き出されるハツカネズミのような状況をつくり出すのではないでしょうか。天気はその活動に「待った」をかけてくれるはずです。新型コロナウイルスがそうだったように。

頭のつくった計画を生身が投げ出す。「天の気」に「人の気」を合わせてみたり、外してみたりする。そうやって「いま・ここ」へタイミングを合わせることに、生理的な「快」があるはず。よりあいでは、計画（仕込み）はするけれど納期を設けない、道具を駆使しても「生身の限界」を補完しない、食事や排泄、入浴といったケアを「当番制」にして職員を充てない、をできるだけ仕組みながら生活の場をつくってきました。そのために気を付けたことは「引き際の見極め」でした。「潮時」のあることを集団で知るのです。

僕個人としては「虫のように働きたい」と願う今日この頃です。伊藤さんは天気に合わせて骨休めしていますか？　それでは、また。

20
通目

伊藤から
のお手紙
←
2021.07.20

余韻にとどまる

→ 村瀬さんへ

自分の足に「歩きますか？」と聞くお婆さんに共感してしまいました。村瀬さんが「歩けますか？」と「できる／できない」の次元で尋ねた問いに、本人が「成る／成らない」の次元で応じている。お婆さんにとって自分の足は、庭の花みたいなものなのかもしれませんね。「咲きますか？」と蕾《つぼみ》に聞くように「歩きますか？」と足に尋ねているように聞こえます。

最近、小学生の息子とした ケンカを思い出しました。歴史を教えているときに、「ここは絶対テストに出るから、勉強しておいたほうがいいよ」と言いました。そうしたら息子が猛然と怒り始めたんです。「勉強したって絶対出ないよ！　勉強なんてしたくない！」と。

なぜ怒るのかなと思ってよくよく話を聞いてみたら、息子は「テストに出る」を、「テストのときに答えが自分の頭から出る」という意味だと思っていたんですね。「テストに出題される」という意味ではなくて。本人は暗記に苦手意識があって、しょっちゅう「テストに出ない」経験をしていたから、「勉強なんてしたくない」と怒り出したのでした。

お年寄りだけでなく、子どもも「できる／できない」で語れない体を生きているなあ、と息子を見ていて思います。本人も、記憶したことを思い出せるかどうかは、意志でどうこうできる問題じゃない、という感じなんですよね。ちょっと鼻が詰まっているだけで漢字テストがボロボロになるし、逆に気に入った服を着ると早く走れたりする。そのときどきに「成るもの」の変動が激しいので、とても儚《はかな》い現象を見ているような気分になります。まわりにできることは、確かに快を整えてやることだけだなあと感じます。

そもそも教育とケアは、似たところがあるのかもしれません。ケアが「ケアする」という能動性から出発できないように、教育も「教える」という能動性からは出発できません。もちろん知識を与えるという意味での能動的な働きかけをすることはできますが、それはたまごボーロお爺さんにごはんをつくるようなもので、摂取されることもあれば、されないこともあります。

こちらが与えているときに違うものを受け取ったりすることもあります。息子が幼いときに何度か動物園に連れていったのですが、彼は動物にはほとんど興味がなく、行き帰りの電車と、動物が入っている柵にばかり興味を示していました。

ましてや、教えるべき内容が「論文の指導」のような高度のものになると、教師にできることはほとんどなくなります。書いている本人にとってさえ、「論文を書く」というより「論文が生まれる」あるいは「論文が成る」といったほうがいいような出来事です。他人が下手な言葉を投げたとしても、お婆さんに「歩けますか？」と聞くようなものにしかなりません。なんとかその人の生理がうまく回りだし、芽が出て、成長するように、庭師の態度に徹します。

私の研究室には常に一〇人程度の学生が在籍しています。理工系の研究室であれば実験を一緒に行うなど共同作業も多くありますが、私の研究室は人文社会系なので、基本的には各自が自分のテーマにしたがって研究をしています。週に一回ゼミを開いて、文献を読んだり、お互いの研究の進捗《しんちょく》を共有しますが、最終的な論文の執筆が本格化するのは秋以降です。

学生にとっては苦しい時期ですが、教師からすると毎年が驚きの連続です。学生によって、論文の書き方が全然違うからです。何せ、本人でさえ、論文を生み出す以前に、自分という体から論文を生み出すやり方を試行錯誤しているようなところがあります。学生が安心して試行錯誤できるように、「一度くらい壊れないと論文は書けないよ」と発破《はっぱ》をかけます。

教師が傍にいて見ているのは、ほとんど「溜め」だけです。一〇〇枚の論文が生まれるためには、背後にその数倍の文字数の下書きが必要で、しかも下書きの中でもボツにしたはずの一節が数週間、あるいは数カ月の時間を経てがぜん輝き出し、論文の核に成長したりするからです。忘れると考えるのあいだのような領域に、どれだけ言葉を溜めておけるかが人文系の論文の出来を左右します。

しかし溜め方には正解はありません。学生によって、本人の生理にあった溜めの量と時間が違うからです。私が密かに「鶴の恩返し系」と呼んでいるタイプの学生は、溜めがとても長い。どんなに促しても、書き途中の論文を見せてくれません。下手をすると一度も私が中身を見ないまま論文提出日を迎えてしまいます。

逆に「緊急オペ系」の学生もいます。毎週のようにSOSを出してきて面談を希望する学生です。溜めがすぐに流れていってしまうので、頻繁に中身を補充しにくるのです。こちらが大したアドバイスができなくても、本人は安心して帰っていきます。

院生室に机を並べて同時に論文を書いているわけですから、お互いの溜めが干渉することもあります。あえてその効果を狙って、Aという学生に伝えるべき内容を、Bという別の学生に伝えることもあります。個人作業でありながら、どこか影響し合っています。

自分にはどうにもならないものたちを前にして、それを生態系のようなものとみなし、溜めの調整を行っている。教師という仕事は、とても不思議な職業だなと毎年思います。

私の研究目的のインタビューに応じてくださる方の中にも、溜めるために応じてくださったんだな、と思う人がいます。たとえば、何かしらの喪失を抱えている方です。喪失の事実は苦しいのだけれど、でも喪失の余韻を失うのはもっと苦しい。無理に物事を前に進めてしまわないようにするために、インタビューに応じてくださる方です。

西島玲那さんは昨年の秋に盲導犬の看取りをしました。彼女の話を、月に二回、聞かせてもらっています。最初に話を聞いたのが去年の十二月二十八日で、もう半年以上になりました。まだまだ終わる気配がありません。生きていたときに盲導犬が道の真ん中で座り込みをした話や、競馬場で馬に遭遇したときの様子などを、ひとつひとつ話してもらっています。

さまざまな葛藤がやってきます。犬と自分は確かにひとつの世界で生きていたと思っても、自己満足だったかもしれないという疑いが頭をもたげることもあります。でもそれについて彼女が語ることは稀《まれ》です。

春に、共著の形でひとつのエッセイをつくりました。彼女が語ってくれたことを私が文章にしたのですが、末尾に、彼女がＬＩＮＥで送ってくれたメッセージを付け加えました。

やっぱりまだまだ体の一部がふにゃふにゃして、左の足がセラフによりかかろうとして、私があんまりちゃんと左足を支えてない気がします。左手はもう三ヶ月くらいはセラフのリードを握っていないはずなのに、リードを使ってセラフと手を繋いでいる自分の手をどこかに忘れてきたみたいに思えます。大袈裟ではなく、まだ自分の左側の、特に足と手は自分のものでなくなったような気がして、白い杖を握る力加減がうまくできていないみたいです。しょっちゅう杖を落としますもん。不便だけど、まだこのまんまの体でいたいですね。今の手が自分のものに思えるようになったら、それはそれでとてもさびしいですから。

（「セラフと新潟逃避行」『文藝』二〇二一年夏季号）

20通目 → 余韻にとどまる（伊藤亜紗）

セラフというのは彼女がとても大切にしていた盲導犬の名前です。セラフをずっと体の左側に連れていたので、セラフがいなくなった今でも、彼女の体の左側にはセラフの余韻が残っているんです。余韻とはとても大切なものですね。それを彼女は「体のふにゃふにゃ」として感じている。白杖《はくじょう》を落としてしまったりして不便だけど、そのままでいたい。「フチ」を閉じたくないのです。

天気は未来志向だけど、体は過去を余韻として残します。私は十年くらい前からヨガをやっているのですが、ヨガが自分に合っているなと感じるのは、ヨガが余韻を重視する営みだからです。バンザイしてからその腕を下ろすと、肩や脇の下にバンザイの余韻が残りますよね。この余韻の時間は、ポーズをとっているあいだよりも、体が生き生きしています。だから、ヨガではポーズとポーズのあいだの時間は、休憩ではないんです。それは次に向かう準備の時間でもあります。体に残る余韻にとどまることが、おのずと次のポーズを呼び込んでいきます。

多飲症という水飲みがやめられない病気があります。精神科に長期入院中の患者さんの二〇パーセント前後に起こるそうで、水を飲みすぎると失神や痙攣の発作が起こるので大変危険です。でも、禁止すればするほど隠れて飲んでしまう。

その対処法として山梨県立北病院が「申告飲水」というアプローチを提案しました。看護室内に美味しい冷水を置いておいて、喉が渇いたと感じたら、患者さんは堂々とそれを飲みにくるようにしたのです。隠れて飲むのではなく、みんなと一緒に飲む。そうすると、過度の水飲みが改善されていくのだそうです。

　これは私の想像ですが、看護室でみんなと飲む水には余韻があるのだと思います。五臓六腑《ごぞうろっぷ》に染み渡る、とまではいかなくとも、飲んだ水が体に広がっていく美味しさを感じることができる。陰で飲んでいたときは「体を浄化しなければ」のような抽象的な意味に焦らされて飲んでいた水が、他の人とのつながりの中で、味わうことができる対象になるように思います。

　天寿を迎える体が弱々しくない、という村瀬さんの実感には本当に驚かされました。死と言えばどうしても「停止」のイメージがあります。しかし村瀬さんは、死ぬときほど体はフル回転して絶好調だと言う。死をあれほどたくさんのカギカッコを使って描写した人はいないのではないでしょうか。全身のあちこちが楽器のように音を立て、全体が指揮者のいないオーケストラになっているかのようです。

　そのオーケストラをなるべく阻害しないように、ただ成るに任せること。それがお迎えを待つことだと村瀬さんは書かれています。「お迎えを待っていると時間がゆっくり流れ始め、空間に粘りが出てきて、まったりする」。ここにもやはり溜めがありますね。

看取りの「フチ」を触った経験は、体の中に強い余韻を残すのではないかと思います。最近職場の同僚がお父様を亡くされたのですが、最後に納棺の作業を手伝ったそうです。病院服からスーツに着替えさせたのですが、手を引っ張って痛くないか、背中にシワが寄って気持ち悪くないか、などと考えているうちに、遺体でありながら介護しているような感覚になったと言います。同僚はとても満足気でした。

余韻は生と死、在と不在、過去と現在の境界を超えて、体と体、体とモノをつなげますね。余韻や溜めといったものをむしろ主にして私たちの営みを見直してみると、「教える」「看取る」「味わう」「感じる」といった動詞の裏拍をとるような、違う世界が見えてきますね。私にとってはとても新鮮な世界です。この視点から見えてくるものを、もう少し考え続けてみたいと思っています。

21
通目

村瀬からのお手紙
←
2021.08.05

「正」「誤」でも「正常」「異常」でもない

→ 伊藤さんへ

僕は介護保険の要介護認定が好きで、嫌いです。

九十三歳のお婆さんに調査員が質問します。

「おいくつですか？」と。

唐突な質問に、お婆さんは自分の年齢が頭から出てきません（伊藤さんの息子さんと同じですね）。

お婆さんの手が、わなわなと震え始めます。あれはきっと苛ついています。自分の歳がわからない「わたし」に。その「わたし」にそんな質問をしてくる「わたしたち」に。

お婆さんは答えました。

「忘れることにしています」

体の「できる／できない」ばかりに目をつけて、あげつらう調査のあり方が嫌いでした。「忘

21通目 →「正」「誤」でも「正常」「異常」でもない（村瀬孝生）

れる」という「できない」に対し「忘れることにしている」という「方針」で応えるお婆さんに「わたしたち」はどう応答すればよいのでしょうか。その戸惑いを感じる瞬間が好きでした。

「今の季節はわかりますか?」
「そりゃもう、最高の季節です」

「お生まれはどちらですか?」
「あなたこそ、どちらのお生まれですか?」

「お母さん、私、誰かわかる?」
「知っとるくさ、あんたはあんたよ」

僕は「試される」と強い緊張が体に走ります。だから、テストはもちろんのこと、面接となるとまるでだめでした。力が発揮できていない気がして落ち込んでばかりでした。
「できる/できない」という質問を普通の会話に変える。質問に対して質問で返す。「できない」ことがバレないように取り繕うお年寄りの、飾り気のない機智《きち》が小気味《こきみ》よいのです。深いぼけのあるお年寄りは、「人を試す」かのような質問でも誠実に答えてくれます。答えに「ずれ」

を携えて。でもその「ずれ」は「わたしたち」が知の領域としているストライクゾーンが、いかに狭いかに気が付かせてくれる。ぼけの「知」には、てらいのない寛容な構えがあります。人に「わかる／わからない」を問うとき、まず、ひと呼吸おいて「わたしたち」の「わかる」に疑問をもつように努めています。「すでに知っている」と高をくくっていたことを覆《くつがえ》してくれるのは、ひとりのお年寄りの存在でした。ひとり、ひとりと出会うことは既知を手放し、そのつど、立ち上がってくる意味や価値に触れることでもありました。

先日、あるセミナーで「いい介護をするための教育は可能か」という問いをいただきました。僕は「できないでしょうね」と反射的に答えてしまいました。躊躇いのない態度に、ちょっと反省しています。

伊藤ゼミの学生さんのように、よりあいにも「鶴の恩返し系」と「緊急オペ系」の職員がいるように思います。どちらかというと僕は「鶴の恩返し系」です。実感からしか出発できない傾向があって、それを言葉にすることに時間がかかります。

実感と言葉のあいだには「わからなさ」の海が広がっています。そこを泳いだり、潜《もぐ》ったり、漂ったりしている。ときには溺れたり。それは、僕にとってひとつの余韻かもしれません。職員によっては、「わからなさ」にとどまることのできない人がいます。それは「緊急オペ系」でしょう。

21通目 →「正」「誤」でも「正常」「異常」でもない（村瀬孝生）

僕としては実感を頼りに、「わからなさ」を十二分に味わって生まれてくる言葉を声にしたい。その声を聴きたいと考えています。「わからなさ」の海が早々に概念化された言葉で塗り固められないように、十分な「溜め」をつくりたい。職員たちと肉声をもって、のんびりと対話したいと思うのです。

ややもすると、「わかりたくない」のです。特にその人に秘められたものや孕むものを。「わかる／わからない」を手放して一緒にいることが心地よいのです。できれば、その人の「溜め」から漏れ出してきたものに仕方なく関わりたいと考えています。

よりあいには、百歳のお年寄りが男女二名いらっしゃいます。おふたりともすべての行為に介助が必要です。介護する職員は「命がけで生きておられます」と言います。

お婆さんは寝返りの介助をするだけでも呼吸が乱れるときがあります。肺が石灰化しているんです。ですから、入浴なんてまさに「命がけ」です。

皮膚も体と乖離したようにだぶついて収縮性がありません。うかつに触るとうっ血してしまいます。完熟トマトの皮がぱっくり口を開けるように、実に簡単に皮膚が裂けてしまうこともあります。

先日、お爺さんは食後に意識を失いました。ご飯を食べると胃は消化液を出すために水分を欲します。水分を供給するために血は胃に集まります。よって頭の血がお留守となり意識がなくなった。もしくは、血中の水分が胃に取られたことで、血の粘度が上がり一過性の脳梗塞を引き起こした。など、いくつかの原因を探ることができるのですが、いずれにしても、食事したことによって意識を失った可能性が高いのです。

つまり、おふたりは「生きるため」に必要な最低限の行為によって「死んでしまう」おそれがあります。職員が言うように「命がけ」で寝返りをうち、ご飯を食べている。「偶然にも死んでしまう」のだと思いました。ということは「偶然にも生きている」んだなぁと。

お爺さんの傍に付き添いながら「よし、今なら食べられるかも」と呟いて職員が食事の準備をしていました。あの職員は意識を取り戻したお爺さんの体にある余韻を感じながら、どうするか考えていたのでしょう。

「介護に役立つテクノロジーって、何でしょうか」と通信系の技術者から尋ねられたことがあります。

ある看取りが思い出されました。今にも呼吸が止まるかもしれない。そんなお母さんの知らせを受けて、息子さんは福岡へと車を走らせました。といってもスタートは東京です。どんなに頑張っても間に合わないことは明らかでした。

「母さん、俺！　わかる⁉　今、高速道路のパーキングにいるよ。今、向かっているから頑張って……」。息子さんはスマホのビデオ電話から話しかけました。スマホの画面に自分の顔を映し出し、そこからお母さんを見ています。

21通目→「正」「誤」でも「正常」「異常」でもない（村瀬孝生）

姉と妹がスマホを持って、「お母さん、わかる？　目の前にいるのよ。ほら。お母さんのところに来てくれているのよ」と声をかけました。

息子さんの顔がお母さんに見えていたのかよくわかりません。けれど声はちゃんと届いていたと思います。息子さんの声を聴いた直後に、す～っと息を引き取りました。

お母さんは、ほっとしたのだと、僕には思えました。体と体は離れていても「何か」が伝わっているのです。姉妹の存在が媒介となって、お母さんと息子さんをつないでいるようでもありました。スマホを囲んで家族がその存在を感じ合う看取りがあるなんて、思いもしませんでした。

天寿を迎える体が、いよいよ息を引き取るとき、その営みはとても静かになっていきます。デジタル機器では拾いきれない鼓動と息吹が体を包む。手はその繊細だけど確かな営みを感じ取ります。病院にあるモニターの波形が突然ピーッと音を立て直線になるような死に方を、体はしません。

さっきまで温かかった体が嘘のように、す～っと冷めていきながらも、ほんのりと温みを残す「感じ」、体の営みが静かにゆっくりと小さくなって消えていく「感じ」を、遠くにいる息子さんが手や頬で感じることはできないだろうか。息子さんにある温かさや鼓動をお母さんが感じることはできないだろうか。精度の高い再現がなされる必要はありません。お母さんと息子さんにある体のリズム、ペース、トーン、そして温みが表現されれば、いいのです。その実感は余韻となって息子さんの体に残り続けるはずです。

セラフと西島玲那さんのお話はいつも感情移入してしまいます。セラフはずっと玲那さんの左にいたのですね。ふたりはいつも「いま・ここ」で何を成すべきかに息を合わせ、あとは成るに任せて、一緒に世界を受け止めてこられたのだと。感覚の交換はまだ続いて、セラフはそこに居ないことで応答する。それが余韻を生んでいるのですね。

セラフと玲那さんが繰り返してきた感覚合わせに想いを馳せました。セラフは玲那さんに感覚を開く。玲那さんもセラフに感覚を開く。ふたりのあいだには、どのような感覚の交換があったのでしょうか。

セラフは玲那さんにある「いつもと違う感じ」に気を配る毎日であったと思えるのです。ふたりでひとつの行為を成すには、常にタイミングを合わせる努力が互いに求められます。そのつど、間合いを取り続けていると、その人の体に流れるリズムやペースのあることを知ります。すると、なんとなくですがトーンの違いに気が付くようになる。「今日は、いつもと違うなぁ」という感じが体に残るのです。

「違和感」が、引っかかるように体に残り続けるときは、主治医に伝えます。「いつもと、違う感じが気になります」と。その訴えに基づいて主治医が診断すると、治療すべき病気が見つかることがある。その確率はかなり高いのです。ありがたいのは、主治医が僕たちの実感を信じてくれることです。

いつもとの違いを感じることは危機を避けるうえで大切なことでした。セラフは玲那さんの危機を回避することを、ひとつのミッションとして社会から与えられていました。その点では僕もセラフと同じ立場にあります。だから、盲導犬としてのセラフに教えてほしいことがたくさんあります。


介護して思うのは、お年寄りの実感に付き合うことの大切さです。実感はふたつあるように思えます。「体と脳が一体となった実感」と「体と脳が乖離した実感」です。

たとえば、お腹が「グウ」となる→「何か食べたい」という直球のような実感は介護する僕たちも受け取りやすい。「体と脳が一体となった実感」です。

「オシッコが出ます」。当人の訴えに応じて何度もトイレに行くのですが、オシッコはお出ましにならない。膀胱《ぼうこう》の機能に異常はないのに尿意を感じてしまうお年寄りがいます。これは、かなりの変化球でキャッチしにくい。体からの信号を脳が翻訳し間違えたのかと思えてしまいます。これが「体と脳が乖離した実感」です。

いずれにしても、当事者にとっての実感は、今まさに自分の体で起こっている事実なのです。それが、論理的に起こりえないことであっても。

僕は交通事故で入院したことがありました。そのとき、尿道にカテーテルが挿入され、袋につないでオシッコを溜めるという処置が施されました。しばらくすると、お腹が張って仕方ありません。膀胱がパンパンで破裂寸前のように感じるのです。

看護師さんを呼んで「オシッコで膀胱が破れそうです」と訴えるのですが「大丈夫よ。袋はまだいっぱいじゃないから」と諭《さと》されました。確かに、膀胱にオシッコが溜まっているはずがないのです。じゃあ、あの苦しさを感じているのは体なのか、脳なのか、それとも心でしょうか。自分でもわかりません。

おそらく、ベッド柵にぶら下がった袋にオシッコが溜まることで、膀胱は尿道と同じ通過するだけの管となっていたはずです。それでもなお、膀胱は袋にある圧力を感じていた。血や神経の通わぬシリコンやポリウレタンでつくられたカテーテルと袋に、僕の膀胱がシンクロしている。その圧に破裂すると実感したのです。

当事者が直面しているのは、「正」「誤」でも「正常」「異常」でもない、「わたし」が生き生きと感じていることなのです。

そんな一筋縄ではいかない実感が人にはあります。セラフ、君にはそれがどう観えましたか。玲那さんにある実感をどのように受け止めたのでしょうか。

熱い・冷たい、痛い・快い、怖さ・安らぎ、空腹・満腹など体に生じる実感は、生き物に通底するものだと思うのですが、それがふたりをつなぐ基礎となっていたのでしょうか。

君が道の真ん中で座り込む姿から想像してみました。君は自分の実感を玲那さんに伝えることに実直だったのかもしれませんね。君が感じた怖さや安らぎをちゃんと伝えることで、玲那さんを守っていたのではないかと、思えてきました。

第五章

深まるぼけがもたらす解放と利他

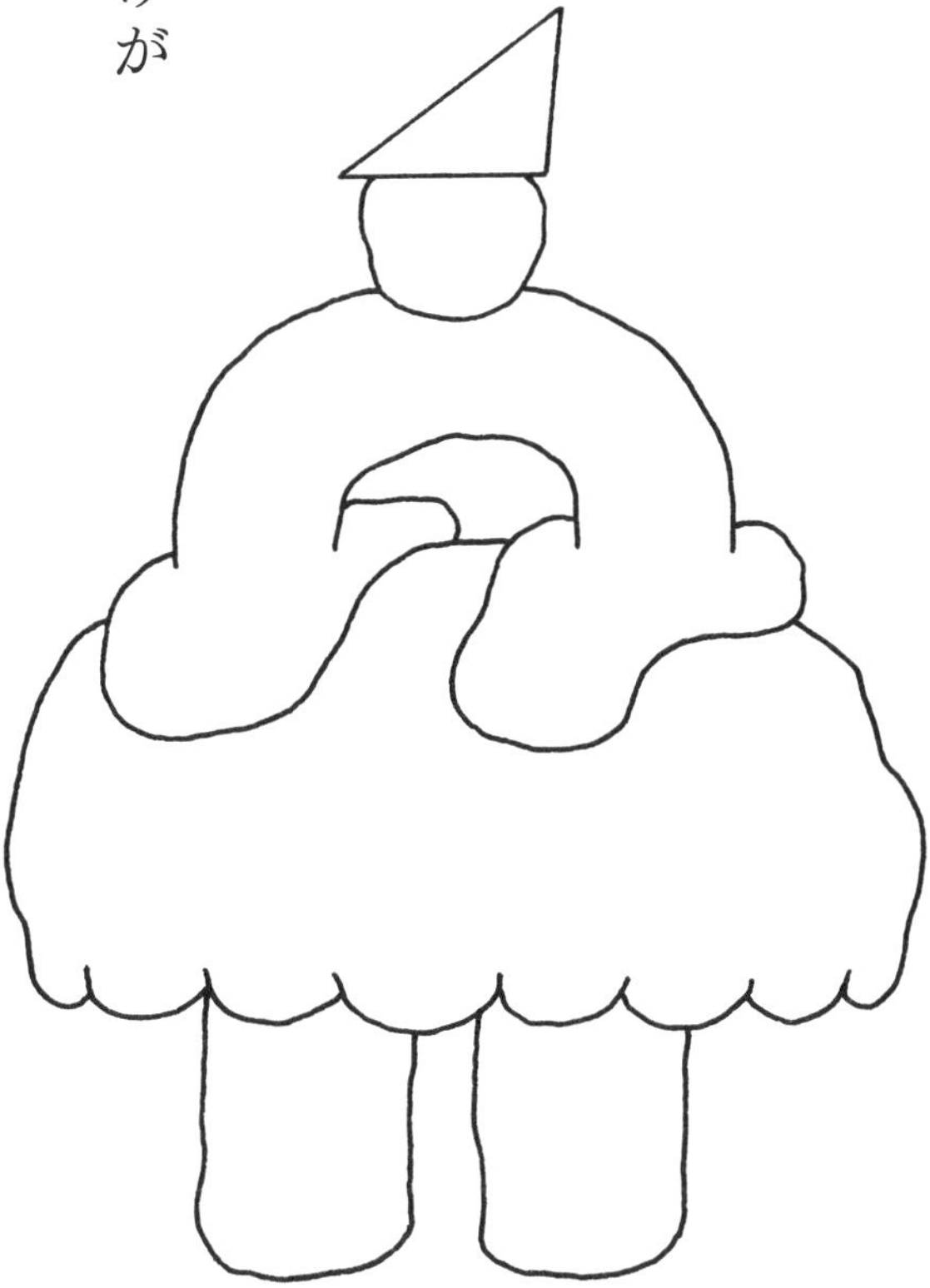

二〇二一年秋

22通目

伊藤からのお手紙
←
2021.08.24

ほんとうの姿かたち

→ 村瀬さんへ

笑い話みたいな話ですが、西島玲那さんによると、盲導犬セラフが生前一番嫌がっていた言葉は「犬みたい」だったそうです。ふたりでひとつのような世界に生きていて、「主導権は玲那さんというよりちょっとセラフ寄り」だったそうなので、きちんとしたプライドもあった。そこらへんのペット犬とは違う、いやいや自分は人間だ、とどこかで思っていたかもしれません。

だから、セラフが困ったことをしたときに「えー、そんなことすると犬みたいだよ」と玲那さんが言うと、セラフは嫌がっているように玲那さんには見えた。それは、彼が日々気を配っているもの、彼が感じようとしているものがつくりあげた、目には見えない彼のほんとうの姿かたちですね。

「当事者が直面しているのは、『正』『誤』でも『正常』『異常』でもない、『わたし』が生き生きと感じていること」という村瀬さんの言葉に深く感銘を受けました。私が体についての研究をしている理由も、まさにそこにあるのだと思います。

体というとリアルの代表みたいに言われることが多いのですが、その実態は、内臓や筋肉といった物理的な存在を基盤にしつつも、それを超え出るような「わからなさ」の領域、つまり幻のような広がりを持っています。交通事故で入院した村瀬さんが、ベッド柵にぶらさがっている尿の入った袋を、まぎれもなく自分の膀胱だと感じている。ポリウレタンの袋が同時に膀胱でもありうる、という驚きが、驚きではなく当然の事実に思えるくらいまでその人になりたいという思いでいつも研究している気がします。それは、物理的にはとらえることのできない幻《まぼろし》だけど、その人にとってはほんとうの姿かたちです。

そのことがわかりやすいのは、たとえば幻肢です。怪我や病気で切断して物理的には存在しないはずの身体部位、あるいは物理的には存在していても麻痺《まひ》して何も感じないはずの部位が、本人にとっては確かに「ある」と感じられる。幻肢は、自分の体の中にしまっておくことができたり、逆に床をつきぬけて床下をさぐることができたりと、生身の体以上の奔放さをもって、本人に新たな感覚をもたらします。目の前で誰かが手すりを触ると、自分の幻肢が触られていると感じることもあるようです。

ケアするというのは、物理的な体に関わりながら、その人のほんとうの姿かたちのための居場所をつくることなのかもしれない、と村瀬さんのお手紙を読んでいて思いました。もちろんそこには、幻肢が痛いと当事者が言ってもその腕をさすることができないように、もどかしさとずれが常に含まれているのだと思います。そうだとしても、その姿かたちが、単なる観念的なものでは終わらずに、何らかの感覚を通して存在感を放ち、それが当事者とケアする人をつなぐというのが面白いなと思います。

以前、とある記事にも書いたことがあるのですが[※1]、この「姿かたち」に関連して、ファッションの力にハッとさせられたことがあります。ファッションというと自分を着飾るものというイメージがありますが、その根源にあるのは、むしろほんとうの体になることなのではないか。ファッションにも、物理的な体を超えてその人の姿かたちに居場所を与える力があるように思います。

そう思ったのは、分身ロボットOriHimeに服を着せているときでした。OriHimeはロボットといっても中にAIや高度なプログラミングが搭載されているわけではなくて、遠隔で人が操作するラジコンのようなマシンです。操作する人はパイロットと呼ばれ、額についたカメラで周囲の様子を見ることができる他、マイクとスピーカーを使って声で会話することもできます。外出が困難な人がカフェ等で仕事をしたり遠方に観光に出かけたりするときの、代わりの体になってくれます。

私が借りているOriHimeに一番頻繁に入ってくれるのは、私にこの世界の面白さを教えてくれたさえさんです。そのさえさんが、季節ごとに、OriHime用の服を送ってくれる。人前に出るときのネイビーの勝負服や、肩に蝶々《ちょうちょう》のレースがついたワンピース、麻の葉模様の浴衣まであります。麦わら帽子やマフラー、カバンなどの小物類も充実しています。

不思議なのは、服を着せると、「似合う」という言葉を使いたくなることです。服が届くとさっそくOriHimeに着せて、さえさんに「よくお似合いですよ」などとメッセージをしてしまったりする。その「似合う」は「OriHimeに似合う」じゃなくて、「さえさんに似合う」なんですよね。いや、厳密には、私はさえさんには一度も会ったことがないので、そういうワンピースや浴衣が実際にさえさんに似合うのかどうかはよくわからないのですが……。

つまり、それは「さえさんの物理的な体に似合う」じゃなくて「さえさんの姿かたちに似合う」なんですよね。OriHimeを通して、私たちはOriHimeというマシンとも、物理的な人間とも違う、その人の幻の姿かたちと対話しているような気がします。それは、その人とのやりとりの歴史がつくり出す、その人の像のようなものです。その人が何をどのように感じ、それをどのような言葉や声色で表現するのか、といった情報をもとに、「感じ方のパターン」のようなものとして、その人の像をつくりあげているのだと思います。

以前、writtenafterwardsというブランドのデザイナーである山縣良和《やまがたよしかず》さんが、「服とは人間像をつくるものだ」と教えてくれました。確かに服を着ることによって、その人の中から何かが引き出されてきますよね。何かに形が与えられる。服をつくったり着せたりする作業は、物理的な体を触りながら、目指すのは体そのものではないんだ、と知りました。

　ちなみに昨日は、OriHime ではなく NIN_NIN という機体を使ってさえさんと実験をしました。NIN_NIN は忍者の形をした、肩乗りタイプの黒くて小さな分身ロボットです。たとえていうなら、鬼太郎《きたろう》と目玉の親父の関係でしょうか。OriHime と同じように画像と声でコミュニケーションでき、首を動かしてまわりを見回すことができます。

　昨日は全盲の知人の肩に NIN_NIN を乗せて、そこにさえさんが入り、みんなでセブンイレブンにお菓子を買いに行きました。雨降りでしたが、とっても楽しかったです。全盲の知人は、そのあいだずっとニヤけていました。NIN_NIN が首をふるたびに頭部が頬にあたってくすぐったく、さらにはさえさんの声が耳元で聞こえるので、ふたりだけの親密な世界に入り込んでいるような安心感があったのだそうです。


　ファッションでほんとうの姿かたちに居場所を与える、という意味では、その究極は、着ぐるみを着て完全に変身してしまうことなのかもしれません。

　ばけもさんという、けもの着ぐるみを着て活動している方にお話をうかがったことがあります[※2]。けもの着ぐるみとは、頭からつま先まですっぽり覆う動物の形をしたファースーツのことです。耳だけネコ、とか、しっぽだけ豹《ひょう》、とかではなく、全身がけものです。けもの着ぐるみを含めいろいろな形でけものの文化を愛好する人を「ケモナー」さんと言うそうです。

ばけもさんは、「ランピィ」というシマハイイロギツネをモチーフにしたきれいな緑色の着ぐるみを着ています。お腹は真っ白で首から胸にかけて立派なふさふさの毛が生えていて、目と肉球はオレンジの実のようなあざやかな橙色《だいだい》。ふだんはサラリーマンですが、ケモナーイベントなどでは着ぐるみを着たランピィとして司会や運営を行っています。

ばけもさんは「ファーソナ」という言葉を教えてくれました。心理学で、外向きの人格を表す「ペルソナ」という言葉がありますよね。「ファーソナ」とは、これに毛皮を意味する「ファー」をつけた造語で、ケモナーさんたちの世界ではよく使われる言葉だそう。ばけもさんにとっては、離島で群れずに暮らすちょっとひねくれたシマハイイロギツネが自分のファーソナになっています。

だから、けもの着ぐるみの姿が、一見するとアニメやイラストの影響を感じさせるような、生身の動物とはちょっと違う姿をしていたとしても、ばけもさんのようなケモナーさんにとっては、それは「擬人化」じゃなくて「擬獣化」なんですよね。自分をケモノ化したものがランピィなんです。着ぐるみを着ると息もしづらいし、視界も悪いし、おまけに締め付けもあって苦しい。それなのに着ているると解放感がある、とばけもさんは言います。やむなく脱ぐとなると、引き剝がされるような感覚がある、と。

面白いのは、着ぐるみを着ることによって、ばけもさんの身体感覚が変わっていることです。たとえば、ランピィは耳が上に生えているのですが、着ぐるみを着ると本当に上のほうから音が聞こえてくるような気がする。ばけもさん曰く、「音を聞くときになんかこの辺（頭の上のほう）を使っているなっていう気がすごいする」。「抽象的に言うとなんか、むずむずするようなっていう感じですかね」。着ぐるみを着ることが、単なる役柄という意味での「演技」の枠を超えて、身体感覚的な実感をも書き換えているのが面白いな、と思います。

耳が敏感になる背景としては、そもそも着ぐるみを着ると視覚情報があまり入ってこない、ということがあります。足元に子どもが来たら、姿が見えないまま頭を撫でたり背中をさすってあげなくちゃいけない感じになるそう。視野の真ん中がつながらない着ぐるみだと、写真をとるときにもカメラが見えないままポーズをとる必要があるそうです。そんな調子だから、次第に視覚に頼らない感じになっていく。

触覚にも変化が起こります。着ぐるみを撫でられると、自分が撫でられているような感じがするのだそうです。お腹や背中など人間に対応する部位があるところを撫でられたときにそう感じるのは容易に納得できるのですが、ケモノ耳のような人間と違うところにある部位や顎の下など、動物ならではの撫でポイントを刺激されたときにも、やはり撫でられていると感じるそう。もはや、感覚的にランピィになっているのですよね。ばけもさんは「体が拡張している」と言います。

ただし、この拡張も、着ぐるみを着てすぐに起こるわけではないそうです。どうやらそこには、時間をおいて「なじむ」ような過程があるようです。ばけもさんは言います。「だんだん

だんだん一体化してくる、自分の体が拡張していく。拡張、もしくは変化していくっていうのがあって。その感覚が忘れられないから何度でも着ぐるみを着るみたいなところがあったりしますね」。

体は奔放ですね。物理的な境界を超えて、違うものを一部に取り込んだり、逆に体の一部を切り離したりする。そうやってできあがる姿かたちは、傍から見ると幻でしかなかったとしても、その人が自分の世界を構築するための拠り所になっています。

体を通して姿かたちにアプローチする。この見方が正しいならば、改めてケアという営みの奥深さと、体をめぐる研究の鵺《ぬえ》のようなとらえがたさを覗き見た気分です。

※1　「よくお似合いです」『日本経済新聞』二〇二一年五月三十日

※2　「ばけもさん」asaito　二〇二一年五月二十五日　http://asaito.com/research/2021/05/post_80.php

23
通目

村瀬から
のお手紙
←
2021.09.09

タマシイのマジ

→ 伊藤さんへ

「犬みたい」と呼ばれることが嫌いだったセラフ。そうか。もしかしたらセラフは人間／犬といった種を超えていたかもしれませんね。玲那さんもまた同様に。ふたりの魂《たましい》がつながっていた、と言えばよいのでしょうか。

う〜ん、魂と書いて少し後悔しています。魂の存在については鵺と同じくらい「わからなさ」の領域にあります。魂なるものを語ることは、まだ僕にはできません。けれど、西島玲那さんとセラフの関係に魂を感じてしまいました。ですから、僕の実感から考える「魂」を「タマシイ」と呼んで書き進めたいと思います。

タマシイについて考えてしまうときがあります。それは、関わりの深い人が息を引き取る瞬間に接したときです。体から血の気が引いていくと同時に「何か」が、す〜っと抜けていくように感じてしまいます。

抜けていく「何か」を五感でしっかりととらえているわけではありません。見えないし、匂わない、音もなく、味もない。肌ざわりもしかり。ホラー映画を愛好する僕の観念が「何かが抜けていく」ように見せているのかもしれません。やはり、血の気が引くことで、体が淡いピンクから薄いブルーへと変わるさまをとらえた視覚が、既存の観念に呼びかけたと考えるほうが時勢に合います。

けれど、その人の体が死ぬと「ああ、もうここには居ないんだなぁ」と感じます。にもかかわらず、生きている体が実在していたときよりも身近に感じることがある。その人が僕の記憶の中で生きているからでしょうか。

「彼が日々気を配っているもの、彼が感じようとしているものがつくりあげた、目には見えない彼のほんとうの姿かたちですね」。セラフに触れた伊藤さんの言葉で、タマシイとはそういうものだと思いました。

「日々気を配っているもの、感じようとしているもの」が体という「うつわ」に溜め込まれていく。その堆積物がタマシイなのかもしれません。観念上のものと決め込まず、血や神経とは違う手段で体と通う、生ものとしてのタマシイがあると思いたくなりました。伊藤さんの言葉を借りるなら「観念的なものでは終わらずに、何らかの感覚を通して存在感を放ち、それが当事者とケアする人をつなぐもの」のひとつにタマシイがあると。幻肢には「血肉のかようタマシイ」が関係しているのかも。

お手紙の15通目に登場したミチコさんを覚えていますか。脱肛があって、リネン室からオムツを大量に持ち出したり、汚れたオムツをベッド柵にかけたり、深夜に放送休止中のテレビをつけっぱなしにするミチコさんです。伊藤さんはミチコさんの部屋を想像してSF的光景と書いていました。僕はミチコさんの行為を三十年後に閃くように了解した、と記しました。確かにそうなのですが、その閃きを招いてくれたお婆さんがいたのです。

そのお婆さんは家族と暮らしていました。オシッコで濡れたリハビリパンツを捨てずに、ベッド柵にかけて乾かそうとします。「部屋は臭いし不潔になる。捨てようとすると怒るので困っています。どうしたら止めさせられるでしょうか」とお嫁さんから相談を受けていました。

その数日後のことです。「汚れたオムツをベッド柵にかける」。「深夜に放送休止中のテレビをつける」。あの部屋の光景が鮮明に広がったのでした。ミチコさんの受け入れ難い行動には「テレビの光でオムツを乾かす」という彼女なりの理由があったことに気が付くのです。と同時に、リハビリパンツを乾かすお婆さんへの対応が浮かんできます。お婆さんがベッド柵に干している汚れたリハビリパンツを清潔なリハビリパンツにすり替えるという案です。お婆さんの目を盗んで行うことで、この作戦は実にうまくいきました。

リハビリパンツのお婆さんがミチコさんの行為を解き明かし、ミチコさんがリハビリパンツのお婆さんへの対応を示してくれた。それは、今は亡きミチコさんの願いであったように思いました。僕の体を媒介にミチコさんとリハビリパンツのお婆さんが会話した感じです。「私」

という主体がつくり出したかのように見える閃きや考えは、「わたし」の体に堆積したものたちが、機会を得てそのつど立ち上がっているのだと思えてなりません。

何が言いたいのかというと、「彼が日々気を配っているもの、彼が感じようとしているものがつくりあげた、目には見えない彼のほんとうの姿かたちですね」という伊藤さんの言葉へと還《かえ》り着くのです。

おそらく介護する体にはこれまで関わってきたお年寄りたちの「日々気を配っているもの、感じようとしているものがつくりあげた、目には見えないほんとうの姿かたち」が堆積しているのではないでしょうか。このような営みは介護する体にかぎらず、すべての生活する体に生じていると思います。

その営みは体だけでなく「場」にも生じています。

妄想力の強いお婆さんがいました。気迫があるのです。ある男性職員の子どもを身籠《みごも》ってしまいました。もちろん事実ではないのですが、なぜかしら実感してしまった。「子どもは自分で育てます。けれど、ひとつだけ願いを聞いてほしい。あなたの子であることを認めてほしい」と強く訴えたそうです。後ずさりしてしまいそうな迫力で。医療言語で説明すれば「妄想」となりますが、生活者の言葉で表現するなら「半端《はんぱ》なく自分を信じる力が揺るぎない」となります。

そのお婆さんが、短期入所を終えて自宅に帰るときのことでした。帰り際に「さよなら」の挨拶をしました。永久の別れとしての「さよなら」です。もう二度と、みなさんに会えないと。お婆さんを自宅までお送りする予定だった職員は、お婆さんの念のこもった「さよなら」に感化され始めます。「お願いだから、そんなこと言わないで」と号泣しました。それはまさに、取り乱すほどの泣き方です。車の運転ができないのでは、とまわりが心配しました。ピンチヒッターとして事務員がお婆さんをお送りする羽目《はめ》となります。

「どうして、号泣しちゃったの」と尋ねました。「お婆さんが、本当にさよならを言うから……でも、よくわかりません」とのこと。お婆さんの「本当のさよなら」が職員にとって「本当」になってしまったようでした。お婆さんの本気（マジ）に、職員も本気（マジ）になったのです。お婆さんのタマシイがマジに「さよなら」を叫び、職員のタマシイがマジに受け止めて泣き乱れた。

このようなことは計算してできることではありません。ケアする、されるといった関係の外に関係が生まれた瞬間です。そこには計画も専門性もない。僕が注視したいのは計画や科学的根拠に基づく専門性を否定して最初から手放すことではありません。介護職によすがとされた介護計画や専門性を意図せず手放してしまう時間が生じてしまうことです。大なり小なり、どの介護現場にもお年寄りと職員が織り成すタマシイのマジは日々生まれています。

けれど、それらのマジは自然に堆積してはくれません。計画や科学の求める再現性が、介護現場に「偶然にも生じるものたち」を弾き飛ばしてしまうからです。弾き出されたものたちが溜まり込める余白を「場」に用意する必要があります。その余白は個と個のマジな関係を反映するマジ集団をもつくり出すはずなのです。

「彼が日々気を配っているもの、彼が感じようとしているものがつくりあげた、目には見えない彼のほんとうの姿かたち」が介護する体に堆積するように、介護する場にも堆積する。その堆積物は「介護する、される場」を「生活の場」へと導いてくれると思います。

介護していると「私」と「居場所」について考えさせられます。お年寄りの「できなくなる体」と僕の「まだ、できる体」。ふたつの体がシンクロしてひとつの生活行為を成立させます。「息が合わない」。「気が合わない」。「相性が合わない」。「今じゃない」。「ここじゃない」。両者に生じる「合わない」というさまざまな「抗い」を鎮めるために、感覚合わせに精を出し、互いに潮時をとらえる努力をします。その営みは「ふたつの体」を「ふたりのわたし」にするように思うのです。

「ふたりのわたし」にとってシンクロは時間と空間の共有なのですが、ふたつの体に「在る私」(自意識とおぼしきもの)は拘束されたと感じてしまいます。その拘束から自由を得ようとするならば、ふたつの体(生身)を軸に時間と空間の在り方を再構築する必要があります。そこに手間ひまかけることが「私たちの世界」を再構築へと導いてくれると思います。

僕にとっての生活とは「私」が「ふたりのわたし」となり、やがて「わたしたち」となる「場」

のことです。それは、居場所になるのだと思います。

一度も会ったことのないさえさんに「服が似合っていると思える」という話はとても興味深いです。OriHime を介して行ってきた「やりとり」がさえさんの存在を実体化しました。さらに、服はさえさんの存在をより実像化します。OriHime と一体化したさえさんは他者と場を共有することもできる。ときには NIN_NIN に乗って、さえさんの感触を他者に与えています。

存在について、タマシイと同じくらい考えさせられました。利他学会議で行われたエクスカーションで、さえさんが OriHime に入って座っていましたね。エクスカーションが終わり、さえさんが OriHime から降りると言えばいいのでしょうか、いなくなったとき、OriHime がぐったりとうなだれます。

あのときの OriHime の感じは、お年寄りが息を引き取る瞬間と似ているなぁと思いました。というか、そのものでした。さえさんの存在が OriHime に命を与えている、さえさんの存在自体がタマシイである。そう信じてもよいと思えた光景です。OriHime からさえさんが立ち去ったとき、あの場にさえさんが確かにいたと、九州にいる、場を共有していない僕が強く感じていました。

僕たちの体もまた、OriHime と同じ「うつわ」なのかもしれません。ばけもさんの「ランピィ」も。その人の「ほんとうの姿かたち」に居場所を与える「うつわ」だと思いました。

OriHime、「ランピィ」、私の体。すべて有限ですね。中でも、私の体は乗り換えがききません。もしかすると、OriHimeや「ランピィ」にも乗り換えではすまないような関係性が「私」と生まれる可能性もあります。

その乗り換え不能な体と自意識のズレが認知症に関わっていると考えています。あるお婆さんとショッピングセンターに遊びに行ったときのことです。全身が映りこむ鏡面式の柱に立ちすくんでしまいました。「こ、これは、わたしね⁉」と大きな声を上げます。自分に見えなかったようです。私の描く自己像と「わたしの姿かたち」が一致しなかったのでしょう。

最近、このお年寄りの気持ちがよくわかるようになりました。ときどき、Ｚｏｏｍに映る自分の顔を見て驚くことがあります。僕は僕が思う以上に老けています。鏡で見る顔より、かなり老けて見える。自分の顔を鏡で見たいときは、私に「見る」という構えがあります。なので、自分の見たい顔に脳が補正してくれているのでしょう。Ｚｏｏｍだとそうはいかないようです。さらにＬＩＮＥのビデオ電話は老け顔にエッジを立ててきます。

わたしの変容に私が気が付かない。ご老体にある「わたしの存在」に私がどう付き合うか、それが僕自身の大きな課題となりつつあります。

24 通目

伊藤からのお手紙
←
2021.09.21

ゾンビと兜

→ 村瀬さんへ

村瀬さん、ホラー映画がお好きなんですね。いただいたお手紙にものすごく感動したのですが、本題でないところに反応してしまいました。

私はホラー映画苦手なんです。内容以前に、ホラー映画のＤＶＤが家にあるだけで怖い。研究室に学生を受け入れるときにも、必ず「アートか体に関することなら何を研究してもいいけど、ホラーとスプラッターだけはだめ」と釘を刺しています。

にもかかわらず、過去に一度だけ、ゾンビに関する文章を書きました。小林耕平さんというアーティストに「作品の設計図になるようなテキストを書いてほしい」と言われて、それならばとゾンビについて書いたんです。タイトルは「ゾ・ン・ビ・タ・ウ・ン」。それをもとにつくられた小林さんの作品は、二〇一九年にＡＮＯＭＡＬＹというギャラリーで発表されました。[※1] 作品の最終形態を完全に小林さんに委ねたかったので、論理としては、自分でもよくわからないことを書き連ねました。でも、書かれていることの素材は、全部実際の経験にもとづいています。今読むと、ちょっとタマシイ的だなと思います。

　このテキストの中では、ゾンビとは「再生」であり、「あるものが実は別のものでもあった、ということが明らかになる事態」と定義されています。たとえばリメイク品を扱う店に入ったとき、リメイクされた物たちの「前世」が突然再生される感じがして、知覚に混乱が生じました。テニスボールをリメイクした椅子脚キャップは、こちらに飛んでくるように見えるし、ホースをリメイクした輪投げは、急に水が吹き出しそうな予感を感じさせます。

　こういうときに体が人の目に見せる現実は、とても鮮明ですね。理性的な、あるいは村瀬さんが書かれているように「時勢に合った」説明をつけるならば、「自分がその物について知っている観念が呼び覚まされた」ということになるのでしょう。でも体からすれば、現実と現実でないもの、存在するものと存在しないものの区別は、それほど簡単ではないのだと思います。少なくとも言葉がそれらを区別するより先に、存在しないものを存在していると感じたり、現実でないものを現実だと確信したりする、ということが起こる。あるいは「違うとわかっているのに感じてしまう」ということが起こる。

　私がホラー映画が苦手なのは、この「違うとわかっているのに感じてしまう」あるいは「感じているけど違うとわかっている」が、だんだんただの「感じてしまう」→「感じている」→「いる」になっていきそうな気がするからなんだと思います。マジになっちゃうんです。

たとえば、お風呂に入っていて窓ぎわに幽霊が見えたら、村瀬さんはどうしますか。私は「いやいや、あなたは幻でしょ」ってちゃんとお断りできない気がするんです。「ずいぶんベタだなあ」くらいは思うかもしれませんが(笑)。自分の体がつくり出す現実に、言葉が負けるんじゃないか、というのがホラーに対して感じている一番の恐怖かもしれません。でもこれは、まだまだ言葉にしがみつきたい気持ちの裏返しかもしれませんね。

お婆さんの気迫のこもった今生の別れに号泣してしまった職員さんは、ホラーはお好きでしょうか。この職員さんが、お婆さんの「さよなら」を「いやいや、またいつでも会えますよ」とお断りできなかったところに、思わず引き寄せられました。それは、職員さんの体に蓄積されたお婆さんの存在の重しのようなものを感じさせます。でもその職員さんが、お婆さんと自分の体の「マジ」に身を任せることができたのは、よりあいという場に自分がつなぎとめられているという安心感があったからかもしれませんね。

利他は、しばしば「身が動く」という言葉で語られます。「これをすると自分のためになる」といった損得のそろばん弾きが始まる手前で、もう体が動いて、相手に関わっている。そんな行為にこそ利他が宿ると言うのです。言い換えれば、「体に先を越される」ということですね。さまざまな偶然から利他という研究テーマを得て一年半になりますが、自分がずっと考えている体の問題との接点はここにある、と思ってきました。

でも「身が動く」という言葉には、どこか「無私」のニュアンスがあって、いまひとつリアリティを持てないでいました。「目の前に倒れている子どもがいたら誰だって身が動くでしょう」のような、人間本性に訴えかけてくる道徳的なニュアンスも嫌いでした。「身が動く」について語ろうとすると、「身」なのに「心」の話になってしまう難しさを感じていたんです。

ところが村瀬さんのお話をうかがっていると、「身が動く」をちゃんと倫理のレベルで、つまり具体的な状況の中での戸惑いを含んだ人間関係の問題としてとらえることは可能なのだ、と思わされます。前回のお手紙で、村瀬さんはこう書かれています。「おそらく介護する体にはこれまで関わってきたお年寄りたちの『日々気を配っているもの、感じようとしているものがつくりあげた、目には見えないほんとうの姿かたち』が堆積しているのではないでしょうか。このような営みは介護する体にかぎらず、すべての生活する体に生じていると思います」。

ポイントは、たぶん時間ですね。「身が動く」の背後に時間の堆積があるということに気付くことができれば、それは時間を溜めるうつわとしての体の問題に帰ってきます。人は何か超越的な命令にしたがって「身が動く」のではなくて、体に溜まったものによって「身が動いて」いる。体は、まさに村瀬さんが話してくださった「閃き」が起こるような、うごめくコンポストなのだと思います。

面白いのは、自分の体はひとつしかないということですね。だから、Aさんと過ごした時間の堆積が、ふいにBさんに向けて身を動かしたりする。Aさんとの時間がAさんとのあいだに閉じていなくて、他の人との関係に無節操につながったり混ざったりしている。「人間関係」というと、普通は体の外にあるものと思われていますが、実は体の中にもあるのかもしれません。

特に相手が自分には理解し難いものを含んでいるときには、その謎が自分の中に残り続け、それを解く鍵が別の人によって与えられることがありますね。リハビリパンツのお婆さんが、村瀬さんの体の中でミチコさんの謎を解いたように。「僕の体を媒介にミチコさんとリハビリパンツのお婆さんが会話した感じ」。すごく面白いなと思いました。村瀬さんの体の中で、リハビリパンツのお婆さんが利他的な存在になっています。

無関係なものの関係、あるいは平行の中の交差、といったものに興味があります。最近『ドライブ・マイ・カー』という映画を見ました。村上春樹の短編をもとに濱口竜介監督がつくった三時間もある映画です。

主人公の男は、妻を病気で突然亡くしています。妻を救えなかったという罪の意識にさいなまれながら、妻が最後に残した言葉の意味を探しています。

面白いのは、この映画では、人と人が対面で話すシーンがものすごく少ないんです。たいてい、車の中とか、バーとか、横の関係で人と人が話している。相手に言葉を届けるというよりは、各々が空間に向かって言葉を置いているような、平行の関係です。

その空間的な平行関係は、そのまま人と人の関係でもあります。主人公の隣で、母を失った経験について語る人がいる。その人はあくまで自分の母のことを話しているのですが、それが主人公の中で妻の見え方を変えてゆくのです。主人公は演出家・俳優でもあるのですが、自分が舞台で扱っているチェーホフの戯曲とのあいだにも同じようなことが起こります。関係ないのに、関係してくるんです。

主人公にとっての妻と、その人にとっての母、そしてチェーホフの戯曲。本来、それぞれに自己完結した存在なのに、たまたまそばにあったために、共鳴が起こって、謎が変質していく。人間の欲望や意図にもとづくヒューマンドラマだったら一時間で終えることもできると思いますが、この作品は存在同士の関係を描いているので、三時間かかってしまいます。

私の中にも、もう十年くらい住み続けているおじさんがいます。知り合いでも何でもないのですが、混んだ駅のコンコースで見かけました。実際にその姿を見たのは合計して一分にも満たないと思います。顔も覚えていません。

最初にそのおじさんを見かけたのは、電車の中でした。おじさんは席に座っていて、私はその斜め前くらいに立っていました。「英国紳士」といった雰囲気の小綺麗な人だったと思います。三つ揃いのスーツ姿で、静かに新聞を読んでいました。

電車が駅につき、人がどっとホームに吐き出されます。流れに乗ってそのまま改札のほうに

24通目 → ゾンビと兜(伊藤亜紗)

向かったのですが、コンコースがずいぶん混んでいる。どうやら急に雨が降ってきたようで、傘を持たない人が駅の中に立ち往生しているのでした。

私も傘を持っていませんでした。とりあえず改札を抜けましたが、空は真っ暗で雨足も強く、しばらく雨宿りが必要そうでした。

と、先ほどのおじさんが私の横を通り過ぎていきます。傘を持っていないようなのですが、あれあれと思う間もなく、三角形の形をしたものを頭に載せました。そして、歩調をゆるめることなく、そのままのスピードで雨の降る中に出ていきます。

おじさんがかぶったものは何か？　何と、それは兜《かぶと》でした。おじさんは、さっきまで電車の中で読んでいた新聞紙で、いつの間にか兜を折っていたのです。子どもの頃に端午《たんご》の節句につくって遊んだような、あの両側に角がついた兜です。おじさんには孫がいたのかもしれません。

いずれにせよ、それを戦国武将のように悠然と頭に載せ、しかし身のこなしはあくまでスムーズに、おじさんは雨けむる町に颯爽《さっそう》と消えていきました。まるで、イギリスではこれが当たり前だ、というような風情でした。奇を衒《てら》った様子もなく、背筋はピンと伸びていて、後ろ姿はまさに紳士そのものでした。

あまりのことに、私には一瞬時が止まったように思えました。狐につままれたような気分です。そして、その光景がそのまま焼き付いてしまいました。

不思議なのは、何かに迷っているときや、自信が持てないときに、おじさんの後ろ姿が浮かぶことです。

学会発表の前の不安な時間とか、初めて誰かを訪問するようなときに、おじさんがやってくるんです。おじさんは、発表の内容とも、その訪問相手とも、まったく関係ないのですが、雨の中を歩く兜の後ろ姿を見ているうちに、ああこれでよかったんだ、と思えてくるんです。

おじさんも、こんな仕方で私を助けているとは、まさか思わないでしょうね。もっとも、おじさんを実際に見てからもう十年近くになるので、私の中のおじさんは、本物とはだいぶ変わっているのかもしれません。

そう考えると、あのおじさんは不死のゾンビみたいですね。事あるごとにやってきて、私の横を通り過ぎていくゾンビ。今までその存在をちゃんと意識したことはなかったのですが、同じようなゾンビが、他にも何体か自分の中にいるような気がします。

※1　ANOMALY　小林耕平個展「ゾ・ン・ビ・タ・ウ・ン」。著者の寄稿もリンク先から読める。
http://anomalytokyo.com/exhibition/z-o-m-b-i-e-t-o-w-n/

25
通目

村瀬から
のお手紙
←
2021.10.05

「シン・母と子」

→ 伊藤さんへ

伊藤さん、ホラー映画だめなんですね。その理由に「だんだんただの『感じてしまう』↓『感じている』↓『いる』になっていきそうな気がするからなんだと思います」とありました。その感覚は僕も共感できます。でもそれは、子どもにある感覚かな。きっと、伊藤さんの体にはその感覚がイキイキとしているのでしょうね。伊藤さんの体の中で子どもと大人が同時並行的に存在しているというか……。子どもの実感と大人の理屈が伊藤さんの中で影響し合っているように思えます。ぼけの世界に通ずるセンスをおもちです。

お年寄りの中から幼児があらわれる様子を、タイムスリップすると考えていましたが、それは過去↓現在↓未来といった時間のベクトルとしてとらえる観念的な理解であることに気付かされました。僕の中にも、子どもや青年がグラデーションの薄い膜で現在の「わたし」とつながりながら、同時並行的に「いる」のかもしれませんね。

お手紙を読んで伊藤さんはホラー映画嫌いのホラー体質であると思いました。まだ確認されていないゾンビが自分の中に何体かいるみたいですし。もう十二分にホラーです(笑)。さらに、兜をかぶった英国紳士風ゾンビに助けられているなんて、ホラーからファンタジーに転じています。伊藤さんが一度だけ書いたゾンビに関する文章「ゾ・ン・ビ・タ・ウ・ン」は、リメイクされた物たちが前世の姿で動き出すように見えた実体験がもとになっています。その感じ方は霊媒師と言っても差し支えありません。また、浴室の窓際にいる幽霊を「お断り」できそうにないのですから、伊藤さんは立派な「巻き込まれる力」をおもちなのだと推察しています。「巻き込まれる力」はホラーに欠かせない資質です。

ホラー映画に登場する主人公も不意に起こる現象に巻き込まれていきますよね。伊藤さんの言う、「違うとわかっているのに感じてしまう」→「感じている」→「いる」になってしまう。主人公が「いる」という振る舞いに転じてしまうと、これまで属していたはずの共同体から徐々に孤立していきます。信頼していた一番身近な人から頭がおかしくなったと思われたりします。さらに、登場する多くの他者から、治療や更生の対象として社会的に包囲されていきます。ときには犯罪者とみなされて追われることすらあります。既成概念を乱すモノの存在はマジョリティにとって恐怖なのです。

主人公は「わたしの実感」を誰からもわかってもらえません。まさに孤立無援(無縁)の状況にまで追い詰められます。主人公は社会にあるさまざまな包囲網をかいくぐる一方で、容赦

25通目→「シン・母と子」(村瀬孝生)

なく迫り続ける「実感の正体」と向き合わざるをえなくなります。

けれど、そんな主人公に行動をともにする「人」が登場します。影の薄い友だちのひとりだったり、見も知らない人だったり、反目し合っていたはずの人だったりと。僕は彼らの引きずられっぷり、振り回されっぷり、に魅力を感じてしまいます。共感できていないのに、半信半疑のまま主人公とともに巻き込まれてしまう、いわば、道連れになる他者の存在が好きなんです。たまに実力のある専門家が主人公の遭遇している困難の大きさにビビり、狼狽《うろた》えながらも巻き込まれます。それも好きです。


お手紙に、「『目の前に倒れている子どもがいたら誰だって身が動くでしょう』のような、人間本性に訴えかけてくる道徳的なニュアンスも嫌いでした。『身が動く』について語ろうとすると、『身』なのに『心』の話になってしまう難しさを感じていたんです」とありました。伊藤さんが抱えておられた「問い」にとても考えさせられました。その「問い」を抱く伊藤さんに強く共感しました。

介護をベースに考えると、一時的な善行や超越的な命令にしたがって「身が動く」では、乗りきれない「時間」が横たわっています。介護関係が二十年以上続くお年寄りは少なくありません。そのような「時」をともにする態度があると感じてきました。どんなに感動的でも刹那的な情動は継続しない。目指すべき理念では身が持たない。文化はどこか他人事です。淡々とした「する」だったり、「ループする巻き込まれ」のような感じと言えばいいのでしょうか。

そんなとき、ホラー映画に登場する道連れになる他者たちが思い浮かびます。先は見えない、終わりも提示されない状況に、「共感しているとも言えない」、「人間本性に訴えかけられる『身が動く』でもない」、けれど行動をともにする他者の存在です。

ぼけを抱えたお年寄りには、さまざまな理由で街を歩く人がいます。世間では「徘徊」と呼びます（徘徊は一般的には「意味なく歩き回る」と理解されていますが、当事者にはちゃんと理由があるので、「歩き」としておきます）。

僕たちはその「歩き」に付き合うのですが、実にいろんなところを歩くことになります。田んぼのあぜ道。荒れ果てた里山にある獣道《けものみち》。中学校の校庭。人様《ひとさま》のお家の庭。登りきれない神社の階段。温泉センターの厨房を通り抜けたこともあります。

あるBOOKセンターにお爺さんと入り込みました。お爺さんは本が好きでした。本の陳列を勝手に変え始めます。その横で僕は元に戻す。ふたりの奇妙な行動に店員さんは不可解をあらわにした視線を送ってきます。事情を話し、「このまま見守ってください」とお願いします。店員さんは「どうぞ」でもなく「困ります」でもない、「ハぁ⤵」と答える。

翌日もそのBOOKセンターにお爺さんと一緒に訪れるのですが、そのときの店員さんの態度に何とも言えない雰囲気があります。「いらっしゃいませ」でもない、「お断りします」でもない、「来た……」という感じ。

25通目 →「シン・母と子」（村瀬孝生）

「どうぞ」と「困ります」のあいだにある「ハぁ↗」。「いらっしゃいませ」と「お断りします」のあいだにある「来た……」。この「ハぁ↗」と「来た……」には、肯定し難い、けれど否定しきれない、といった真空地帯のようなものがあります。戸惑いや躊躇いが発動する手前の空白の状態がある。

店員さんはその空白から見守り続けているように思えるのです。もしそうなら、そんな店員さんにシンパシーを感じます。お年寄りの「歩き」に付き合う心持ちに似通うものがあるんです。共感があるわけでもない、人間本性に訴えかけられる「身が動く」でもない境地。そこにはささやかな自由がある。

先日、文化人類学者の松村圭一郎さんとお話しする機会を得ました。著書である『くらしのアナキズム』の中に「公界《くがい》」という言葉が出てきます。「無縁」の者たちが集まってつくる「場」のようなものだと思います。日本の中世にあった市場《いちば》がそれにあたります。

〔歴史家の〕網野〔善彦〕は『無縁《むえん》・公界《くがい》・楽《らく》』で、市場が自由と平和が保障された「無縁所」であり、「公界」であったと指摘した。（中略）阿弥陀寺の境内は、債権債務の関係という世俗の縁から切りはなされ、逃れられる聖域《アジール》だった。喧嘩や口論、押し買いや狼藉《ろうぜき》が禁じられたのも、外部の争いを持ちこむことが許されない無縁の場所だったからだ。

（松村圭一郎『くらしのアナキズム』ミシマ社、二〇二一年、一一八～一一九頁）

飛躍するのですが、「公界」という「無縁」の空間は、店員さんの「いらっしゃいませ」と「お断りします」のあいだにある真空地帯と似通うものがあると思えました。店員さんは社会の規格からはみ出して歩く僕たちを無視できずに一緒にいる。「無縁」という平行関係を保ちつつも何かが蠢《うごめ》いてしまう面白さ。社会から漏れ出す者を受け止める「無縁所」と店員さんの体に生じた真空地帯に同じ匂いがします。そこにあるささやかな自由と平和。お爺さんと僕はその空白に逃げ込めた気がします。

母の介護が本格化して二年になります。順調にぼけが深まっています。僕の考える順調とは母のぼけに荒ぶりがないことです。母はときどき混乱しますが、ぼけは荒ぶっていません。母の混乱とは、これから食べる「ご飯」が朝食なのか、昼食なのか、夕食なのかが、わからないといった些細なものです。「これ、何ご飯?」と尋ねる母が可愛く見えるときすらあります。よくノーパンで過ごしていますが、それは母の確信犯です。常に排泄しやすい体制を取っています。孫が訪れると、さりげなく座布団で隠します。まるで、アキラ100%みたいです。

最近、実家に居ついた野良猫に猛烈に執着しています。母は「猫が迷ってしまい、帰ってこれない」という心配をつくり出して、心ここにあらずになってしまいます。そうなると、トイレの場所が一時的にわからなくなって、外デッキで用を足してしまいます。母の中にいる子ど

25通目→「シン・母と子」(村瀬孝生)

ものマジが大人の母を惑わしているようです。

とにかく猫が心配で裸足で外を歩き回ります。さらに車庫と家をつなぐ扉に鍵をかけるようになりました。そこからしか出入りできないヘルパーさんが中に入れない事態が生じます。「猫を外に出られなくする」という母の作戦です。子どものマジに突き動かされた大人の悪知恵ですね。

おわかりでしょうが、猫はどこからでも出入りできます。そもそも野良猫ですから。そのことがわからない母にぼけの深まりを感じます。ヘルパーさんも母の一連の行為を認知症の仕業と考えています。

けれど、家族からするとちょっと違うんです。「母は猫を支配しようとしている」と息子である僕の目には映っているのです。猫を心配していることは間違いないのですが、その心配こそが「相手を自分の思い通りにしようとする執着から生まれている」と考える僕がいます。それは、ぼけや認知症によるものではなく、母そのものの姿であると。

子どもから大人になった僕が、母もひとりの人間であることに気が付いてしまうのです。冷徹な大人の目で母を見たとき、僕の中にいる子どもが、いじけてしまうときがあります。「ああ、母のあの態度が僕にある生きづらさをつくったにちがいない」。「チック症があるのは支配されて育ったからだ」。「落ち着きがないと、ずいぶん叱られたけど、その落ち着きのなさは、お母さん、あなたから譲り受けたものだったんですね」とか。

疲れたりすると、僕の中にいる子どもが荒ぶり始めます。そんなとき、すごく不安になります。僕は母をひとりの人間として尊重できるだろうかと。

家族介護にある恐ろしさは「情実」にあると考えています。家族にある「情実」は複雑に絡み合ったあざなえる縄のようにしがらんでいます。その縄に絡み取られて介護することはとても危険なんです。けれど、見方を変えると親を介護することは、深く絡み巻き込む縄をひとつ、ひとつ、解きほぐす機会でもあります。それは楽しくもあり、悲しくもある。母と子ではなく、互いにひとりの人間として出会い直すことなのだと考えるようになりました。

けれど、僕の考える出会い直しは「慈悲に満ちた寛容に目覚める」といった感動的なものではありません。僕の中にいる荒ぶる子どもによる「親殺し」であり、母からすれば、大人になった僕から介護を受けることで、母にある子どもの僕を殺す「子殺し」です。

「有縁」が孕む危険なしがらみを「無縁所」で成仏させる作業。それは、互いに与え続けた債権債務の関係から互いを解き放つ作業。「家族」という国家や社会が与えた規範からふたりで逃れる作業。深まるぼけの力を借りて母はその作業を進めています。遅れをとらず、僕も母に続きたいと考えています。ふたりしてゾンビになって、「シン・母と子」になるつもりです。

25通目 →「シン・母と子」（村瀬孝生）

26
通目

伊藤から
のお手紙
←
2021.10.23

裏切りと解毒

→ 村瀬さんへ

村瀬さんこんにちは。お返事が遅くなってしまいました。うかうかしていたら、いつの間にやら秋です。

前回のお手紙、戦慄《せんりつ》しながら読みました。介護のプロである村瀬さんであっても、あるいは介護のプロだからこそ、お母さまの介護となると「母殺し」「子殺し」と呼びたくなるような激しい感情に苛まれるのですね。

私のような素人からすると「原点」とも思えるそんな混乱した場所に、いつでも人を連れ戻してしまえる介護という営みはすごいです。そこで起こる母と子の出会い直しは、「慈悲に満ちた寛容に目覚める」といった感動的なものではなく、有縁が孕む危険なしがらみを無縁所で成仏させる作業である、と村瀬さんは書かれています。

利他は、「もらったらお返しをしなければならない」という返礼義務のあるところには生まれません。そこにあるのはあくまでプレッシャーのかけあいであって、本当の意味で相手から何かを受け取っているわけではないからです。

一方で、親というのは、そもそも返礼することができない存在です。返礼は、返すことによって借りをなくし、相手との関係を切る可能性をつくり出します。しかし親というのは、少なくとも生物学的には、絶対に関係を切ることができない存在です。親に対してどんなに「ありがとう」と言っても何だか伝えきれない感じがするし、逆に子どもに「ありがとう」と言われると「嬉しいけど、そんなこと言われても……」という気になる。まさに切っても切れない「有縁」の関係であるがゆえに、返礼によって関係を精算することができません。

じゃあ、返礼的関係の外部にある親子関係は利他なのか。簡単にはイエスと言えないような気がします。確かに親子のあいだには返礼の義務はないかもしれませんが、それはそもそも返礼の可能性がないからだとも言えそうです。俗に親から子への「無償の愛」と言われるような関係も、精算する可能性を奪われているという意味では、子にとっては返礼義務のプレッシャーよりも苦しい関係になりえます。

ところが村瀬さんは、ぼけには親子のあいだにさえ「無縁」をつくり出す力がある、と書かれています。ぼけの深まった親が欲望を剝《む》き出しにしたり、ついに自分のことがわからなくなったりするという経験は、しばしば苦しみとともに語られるものです。実際、それは大変苦しい経験なのだと思います。しかし村瀬さんにならって別の見方をすれば、それは「互いに与え続けた債権債務の関係から解き放たれること」でもある。

この往復書簡のきっかけとなったオンラインの対談で、「『利他』の問題を考えるときに、お年寄りとかかわることは究極な感じがする」と口走りました。そのときは、ぼけのあるお年寄りが相手だと、自分のした行為が本当にこれで良かったのか確証が持てないため、各々が任意に与えて任意に受け取るような、よきすれ違いの余地が生まれるのではないか、と考えていました。

宛先が溶ける感覚、とでも言えばいいのでしょうか。相手のためにした自分の「つもり」が、その通りには受け取られず、違った仕方で受け取られる。相手が不意に差し出したうつわによって、自分の行為がぐにゃりと変形し、そのまま居場所が与えられる。抽象的ですが、そんなイメージです。

しかし、前回のお手紙を読んで、もう一段も二段も深いところで、ぼけと利他の関係をとらえ直すヒントをいただいた気がしています。

マルセル・モースが『贈与論』で指摘したとおり、ゲルマン語系の言語では、ギフトという言葉には「贈り物」と「毒」というふたつの意味があります。贈り物を贈ることで、相手にお返しをしなければいけないという負債感を与えることになる。障害とともに生きる人が（そんなこと思う必要がないのに）「いつもサポートしてもらう側なのがつらい」と言ったりするのは、負債の蓄積を感じてしまうからです。だからギフトは毒でもある。

ところがぼけには、返礼という概念とそれに費やした時間そのものを解毒する力があるのですね。それは、宛先が溶けるというより、社会的な通念もろとも自分という存在の地盤が溶けるような出来事なのかな、と想像しました。それはある意味ではとてもニヒリスティックな地点です。駄洒落《だじゃれ》で恐縮ですが、存在の地盤が「溶ける」ことは、自分の存在の謎が「解ける」ことでもあり、それはとても怖いことだと思います。

利他が能動的な「よきこと」ではなく、むしろやってくるものを歓待することであるならば、自分が変わることは、利他にとって不可欠であるように思います。もし関わった人がまったく変化しないような利他、「計画倒れ」がまったく生じないような利他であるなら、それは演技や自己満足である可能性が高いです。子が親を介護することで地盤を失うというのは、まさしく自分が変わることであり、そして変わることの中では最大級のものですね。

学生時代に研究していたポール・ヴァレリーというフランスの詩人は、「時間はあらゆる矛盾を矛盾でなくする」と言っています。あんなに納豆が嫌いだった人が、ひょんなことから毎朝食べるようになる。いつも対立していた二人が、気付けば一緒に住み始めている。長い時間の中で人は無限に変わりうる、というのは確かにニヒリスティックな視点です。

でも逆説的にも、このニヒリスティックな視点に想いを馳せるときにこそ、宛先や返済に頓《とん》着《ちゃく》せずに自分の可能性を溢れ出させる人間の豊穣さに出会えるようにも感じています。それは、人間関係にしろ、財産にしろ、時間をかけて溜め込む、という貯蓄の観念の否定です。そしてこのニヒリスティックな豊穣さが、利他という出来事を可能にするようにも思います。時間の中で変わる、という意味では、村瀬さんも私も、無事に老いることができれば、やがて介護される側になりますね。子に介護されるのでしょうか。専門職の方に介護してもらうのでしょうか。介護のプロであった人が介護されると、どんな感じがするのでしょうか。

子と自分の関係を考えると、やはりそこには他の人とは違う縁があるなと感じます。それは単なる生物学的なつながりを超えて、長いあいだすぐ近くに体があった、ということから生まれる縁です。

たとえば私の子どもは、私が吃音のせいで言おうとした言葉を飲み込むと、すぐにそれを察知します。そしてしばらくしてから「さっき何て言おうとしたの?」と聞いてくるのです。夫にも、「何かをしゃべろうとする直前にモスキート音みたいな音がする」と言われたことがあるので、何か音ならぬ音が出ているのかもしれません。いずれにせよ子どもは、私がマスクをしていようが、後ろを向いていようが、私が言葉を飲み込んだことに気が付きます。

それはある意味ではすでにケアをしてくれているということでもあります。素直に、とても嬉しいです。けれども、母親の体に徴候を読み取ることが習慣化しているのではないか、と思うと少し複雑な気分になります。子どもは、母親の吃音の徴候だけでなく、表情や機嫌の変化にも敏感に反応しているように見えます。聞こえない声までも聞こうとする姿勢が、どもる体のそばにいることによって、醸成された可能性があります。

家庭の外で大人との関係がうまくいかない場合、その原因が「徴候の読みすぎ」にあると思える場合があるのです。「あの先生、僕と話すときだけ『こいつバカだな』って顔してる」なんていう愚痴や不安をよく口にします。徴候の読み合いは、長い時間、体をそばにおいた人間同士を結び付け、同時にしばる縄だなあと思います。

だから、子どもが私のどもりを笑ったとき、悲しいと同時に解放された気がしました。私は日本語以外だとどもりが重くなるのですが、海外の美術館にいったとき、クロークで「luggage」が言えなくて「ラララララ……」となりました。言われた受付の人もびっくりしてとまどっているのですが、子どもは隣で大爆笑。差別的な意識とは関係ないところで、歌っているようなその音を純粋に笑ったのです。

自分にはないその感性が子どもにはあったのだと知って、ちょっとほっとしました。徴候の読みから離脱する可能性が見えたからです。あとから「どもっている人は真剣だから笑ったらダメ」と親としての釘を刺しましたが、同時に「えーそんなに面白かった？」となぜか照れ笑いしてしまいました。それが無縁所なのかはわかりませんが、子の「裏切り」によってある種の真空地帯が生まれ、逃げ込めたような気がしました。

傾聴よりも裏切りに救われるのですから、まったく不思議です。当事者の方にインタビューをするときも、ついつい裏切りをしかけようとしてしまうところがあります。死角に入ろうとしてしまうのです。その方が一生懸命伝えようとしていることから耳をそらし、本人が考えたことのないことを引き出したくなってしまう。もちろんそれは大変に暴力的なことです。相手の気持ちを損ねてしまうこともあります。でも、そうでなくては、本人に贈り物ができない気がするんです。

27
通目

村瀬から
のお手紙
←
2021.11.11

心地よい無力

→ 伊藤さんへ

あっという間に秋ですね。セイタカアワダチソウが黄色い花を咲かせ始めました。何かと忌み嫌われる植物ですが、蜜蜂にとっては大切な蜜源です。我が施設の蜜蜂たちも冬に向けて採蜜に精を出していることでしょう。

先日、巣箱から蜜をいただきました。三段重箱のうち一箱から八キログラムも取れました。蜜蜂たちが半年かけて溜め込んだものを取り上げるのですから気が引けます。彼らに感謝しつつ、よりあいの運営に役立てたいと考えている今日この頃です。

最近のことですが、僕の娘が生後三カ月の赤ちゃんを連れて実家に帰ってきました。母、私、娘、孫娘の四世代が揃うなんて初体験です。当然ですが雰囲気ががらりと変わりました。実家に帰ると母の介護と孫の世話で休む暇がありません。

でもそれがいいんですよね。母と子のふたりだと煮詰まるんです。ふたりで向き合うという構えが「逃げ場」を閉ざしてしまうのでしょう。宅老所の夜勤でも、お年寄りが一人しかいないときのほうがしんどい思いをします。三〜四人お年寄りがいたほうが楽なんです。

娘と赤ちゃんの存在が、母と僕の一対一の関係を崩してくれました。そのうえ、生後三カ月の赤ちゃんと八十二年生きた老人という、人間の「はじまり」と「おわり」が同じ空間にいるのですから、ちょっと不思議な時間が流れています。

親を介護するって、幸せなことかもしれません。かつて育児でシンクロしあった親と子の体が、長いブランクを経て、介護で再会しシンクロし合うのですから。ブランクのあいだに生き別れたり、死に別れたりすることはざらです。また、介護したくてもしづらい時代です。

子どもの頃、母から手を引かれることは、ごく当たり前のことでした。しかし、大人になった僕が老いた母の手を引くとき、かなりの抵抗感がありました。手を握ったときの感触が生理的に嫌な感じがしたのです。気恥ずかしさもありました。

今は手を引くどころか、入浴介助をしています。母の体を洗うのは、手を引く以上に生理的な混乱がありましたが、それも熟《こな》れてきました。背中をこすっていると「ああ、気持ちいい、私が背中を流してやろう」と母が言います。「嫌ばい、八十代の婆さんと五十代のおっさんが裸になって、体を洗い合うなんて絵にならんばい」と言い返すのですが、母は泡だらけの手で服を着た僕に触ろうとします。

いったい僕を「何もの」と思っているのでしょうか。子どもでもない、男女でもない、老若でもない。僕を洗おうとする瞬間の母のまなざしには「何ものでもない」といった空気感があるんですよね。

母の体に触れて思います。母の体のすぐそばで濃厚にシンクロし合った体について。母は満洲で「お母さん」を亡くしています。生まれたばかりで死に別れた母に「お母さん」の記憶はありません。末っ子の母は年の離れた姉や兄に育てられたようなものです。兄姉は母を抱きながら戦時の異国でどんな風景を眺め、何を感じていたのでしょうか。母の「お父さん」は男手ひとつで六人の子どもたちを育て、中国大陸に誰ひとり取り残すことなく日本に連れて帰りました。

戦争の終わった平和な社会で母はひとりの男性とめぐりあい結婚します。そして、僕と妹を生みます。転勤族の夫のもと、郷里もない母が肉親の手伝いもないまま、僕と妹を育てました。ずいぶんと心細かったことでしょう。母のじっとできない体が、せっかちな心配症を身に付けてしまうのも、仕方のないことかもしれません。夫婦生活は五十年以上続き、夫は先に逝きました。

父、母、兄、姉、夫、子、孫。彼らは、母のすぐそばにいて深く関係し合った人たちです。すぐそばで濃厚にシンクロし合った体の「日々気を配っているもの、感じようとしているもの」

が母の体に蓄積しているはずです。僕の想像を超える血肉化した関係と骨肉化した澱が溜まり込んでいることでしょう。そう思うと、僕が相手にしているのは母ひとりではありません。介護による出会い直しは、親と子だけでなく、母と深く関わった人たちに思いを馳せる時間でもあるんだなぁと考えたりもします。

きっと、「わたし」を構成するものは、私が思う以上に多様に満ちています。多幸感に包まれた深いぼけに触れることがよくあるのですが、それは、「わたし」を構成する多様なものの存在と交感しているのではないでしょうか。彼らから抱かれる幸せがあると思えるのです。

そして、今僕は生後三カ月の孫娘の体に触れています。育児も介護と同じようにひとりの人間と出会うことだと思いました。ひとりの人間とは誰にも所有することのできない存在のことです。

生まれたての首も座らぬ赤ちゃんは自分の体を所有していません。老人も自分の体を所有しきれず死んでゆきます。とらえどころなく躍動する赤ちゃんの手足。モグモグと緩慢に動き続ける老人の口。それらはコントロールから外れて動く「わたし」の一部です。私たちは成長の過程で、体を「制御可能な自分のもの」と勘違いしてしまうのかもしれません。

あるお爺さんが亡くなるときのことです。お爺さんは宙を摑み取るように両手を動かし続けていました。それを見続けていた妻は呟くように「この世でいただいたものは、すべてお返ししないと死ねないのよね、お父さん」と語りかけたのです。すかさず、孫娘が「そうは、いかないんだ」（その通りだけど、そう簡単にはいかないんだ）とお爺さんの口調を真似て代弁したのです。

人は命もろともいただいたものをすべて手放して死ぬんですね。ぼけは生きながらに所有したものを手放すようにと、私に働きかけます。それは、伊藤さんが想像した「社会的な通念もろとも自分という存在の地盤が溶けるような出来事」だと思います。赤ちゃんと老人に触れる時間は、所有という文脈からも「わたし」の存在についてとらえ直す機会になりそうです。それも、解毒のひとつであるとお手紙を読んで思いました。

赤ちゃんが不意に笑うことがあります。何が笑いのツボなのだろうかと考えます。きっと、意味や価値があって笑っているのではないですよね。あの笑顔に触れると、僕の心と体が喜びます。

そんなとき、赤ちゃんは無力という点で完全体ではないかと考えたりします。死にゆく老人もまた有力を手放していく存在です。たとえ手放せなくても時間が手助けするので、ちゃんと無力に着地します。その無力さに触れたとき、僕が無力化されるのです。

私たちの社会は不完全から完全への移行を志向する個の成長観に偏りすぎているように思います。観方を変えて無力を完全の起点とするならば、人間の成長は、赤ちゃんという完全体→成人という不完全体→老人という完全体に移行することかもしれません。無力で生まれ、有力化にもがき、無力で死ぬ。老いることは無力への回帰だと思います。

これまで、介護を通じて自分の無力さを感じてきました。人は思い通りになりませんでした（計画通りにいかない）。同じ日はありませんでした（再現性はない）。人は死にます（有限である）。僕の感じていた無力の正体とはそういったものです。

無力といっても挫折や虚脱を伴うものではなく、なんだか心地よいのです。やはり解放される感じです。伊藤さんが書いていた「ニヒリスティックな豊饒さ」に通じているのではと思いました。本来なら介護のプロが無力だなんて裏切りですよね。

女性職員から相談されました。二十代前半の女性です。彼女はあるお婆さんが「怖い」と言います。そのお婆さんのぼけは荒ぶりやすいのです。呪文のような祈りで、近づく職員を退散させようとします。その発声や立ち振る舞いは、確かに怖い。噛みついたり、引っ掻いたり、ときには湯呑が飛んできます。ある職員は、それが目に当たりパンダのような青痣ができました。その一方で、お婆さんは職員たちから絶大な人気を博しているのです。

「私は介護職として資格がないと思います。仲間の職員は怖がらずに関わり続けることができます。私は彼らのように介入して、お婆さんを守ることができません」と彼女は嘆きました。お婆さんは、ひとりで歩けないにもかかわらず、ぼけが荒ぶってしまうので、転倒と隣り合わせでした。ケアできない彼女は介護のプロとして、お婆さんを裏切ったと感じています。

「イライラして、怒りで自分が怖くなる」という悩みはよく耳にします。その気持ちは痛いほどわかります。そんなときは「お年寄りから逃げていい」と言ってきました。「たとえ、お年寄りが転倒しても、あなたが叩いてしまったり、突き飛ばすよりいい。苛立ちや怒りで追い詰められたら、その限界を明らかにして、仲間の職員と替わってほしい。チームや組織はそのためにある」と話してきました。

彼女は「お婆さんが怖い」と言うのです。さて、どうしたものかと思いました。結局、「そのお年寄りから逃げていいよ」でした。イライラも怖いも生身に生じるものです。なので、どんなに隠そうとしても漏れ出るんですよね。「お婆さんとぼけが一体となってマジに怒っているのだから、マジで怖がる職員の存在をお婆さんは信じられるのではないか」と話しました。

お年寄りを危険から守ることは、プロとして大切な仕事です。けれど、怒り荒ぶっているにもかかわらず、誰も恐れ慄《おのの》かないなんて、存在を無視されたも同然です。ましてや、他者から徴候を読まれ先手を打たれては、出鼻を挫《くじ》かれてばかりです。

息子さんから、どもりを笑われるという裏切りによって、伊藤さんは悲しみながらも解放されます。と同時に息子さんは徴候の読みすぎから離脱する可能性を得ました。傾聴よりも裏切りに救われた。とお手紙にありました。息子さんの笑いは否定と肯定の狭間にあるマジな笑いだったのでしょう。お婆さんと職員にも同じことが起こったと思いました。まあ、お婆さんからすれば、彼女だけが裏切らなかったのですが。そういう意味ではイライラすることも救いと暴力が裏腹な贈り物といえます。

ちなみに彼女は、相談から三カ月もしないうちにお婆さんを怖がらなくなりました。それどころか、夜勤中、お婆さんと添い寝するまでになります。ぼけが荒ぶったあと、お婆さんは彼女を赤ちゃんのようにあやすらしいのです。どうやら、荒ぶるぼけに無力化されたのち、お婆さんにケアされた彼女は新しい可能性を得たようです。

第六章

心と
シンクロしない
体を生きる

二〇二一〜
二〇二二年冬

28
通目

伊藤から
のお手紙
←
2021.11.22

心ここにあらず

→ 村瀬さんへ

二カ月ほど前に、中学生向けの本※1を出版しました。テーマは体とアイデンティティ。本というよりは体と付き合うためのパンフレットといった感じの、薄くて可愛いらしい本です。読書はあまり得意ではないけれど悶々とした悩みを抱えている、そんな十代に向けて書きました。

十代に向けて本を書いたのは初めてだったので、いろいろと新しい経験をしました。まず、やりとりを重ねるうちに、担当編集者の方が、どんどん中学生になっていくんです。ある程度原稿が書けたらそのつどお送りするようにしていたのですが、その感想を記すメールの文面が、なんだか普通じゃないんです。

「容赦ないですね」「ぼくのなかの中二が泣いています」「そうだ、メタファーはかざりなんかじゃない！」「ぼくのなかの中学生が悶絶しています（笑）。そうなのかあ、って」「懐《ふところ》にすっと入ってくる切れ味のよい言葉に背筋が伸びました」。ちなみに、この方は実際には村瀬さんと同じくらいのお年頃です。

もちろん、編集者は最初の読者ですから、本の想定読者になりきって、原稿を読んでくれたのでしょう。だとしても、どちらかというと抑制的なその方の実像とは、ずいぶんかけ離れた印象を与えるメールでした。コロナ禍のため打ち合わせがオンラインばかりになり、私の中でのその方の物理的な存在感が薄くなっていたことも影響していたかもしれません。だんだん誰に向けて原稿を送っているのかわからなくなってきました。

そうこうしているうちに、書いているこちらも、時間感覚がおかしくなってきました。この本は「思い通りにならない体が思いがけないことをつれてくる面白さ」について書いているのですが、ベースにあるのは、私自身の子どもの頃の吃音経験です。言えなかった言葉を寝る前に反芻《はんすう》する、苦いような甘いような時間のことが思い出されます。書きながら、自分が育った実家の子ども部屋にいるような錯覚に陥っていきました。

おそらく、文章を書くこと、あるいは読むことは、必ずしも現在の自分が書いたり、現在の自分が読んだりするものではないんでしょうね。四十代のときの作品でも、実際に書いているのはその人の中の十代かもしれないし、すでに大人になった人が、十代のときの自分のために本を読むこともある。十代向けの本といっても、それはあらゆる年齢の人の中にいる十代に向けて本を書くことなのだな、と思いました。村瀬さんの四世代のにぎやかな生活のお話を聞いて、これもひとつの出会い直しかもしれない、と思いました。

先週、修復家の方たちとお話しする機会がありました。[※2] 公園に設置されているブロンズ像や、巨大な野外彫刻、食堂に飾られている壁画などを手がけていらっしゃる方々です。扱っているのは作品というモノなのですが、ご本人たちの感覚は介護とそれほど遠くないように思いました。

主に公園のブロンズ像を扱っている方は、「ホースで水をかける、という鑑賞の仕方がある」と言い切ります。作品は基本的には目で見て鑑賞するものなので、触れる機会は多くありません。その「ブランク」が、洗浄の作業を特別なものにします。

腹部に水をかけたり、泡をつけて足をブラシでこすったり、ワックスをつけて顔を磨いたりしているうちに、像が全然違う存在に見えてくるのだそうです。そこには作品とのコミュニケーションがあるのだ、と。その方は、慶應大学の福沢諭吉の胸像を洗浄するワークショップを企画されたのですが、「仕上げにつやを出しすぎて諭吉さんの人相が変わった」と笑っていました。

一方で、修復という作業は、科学者的な視点や、歴史学者的な視点も必要とします。

たとえばブロンズに錆が形成されている場合。八〇年代は特に大気汚染が深刻で、ブロンズ像の傷みがひどかったと言います。いわゆる酸性雨の影響です。ただし今回のお話をうかがって初めて知ったのですが、酸性雨というのは、酸性の雨が降ってきて、それによって銅像が溶ける、ということではないのだそうです。工場やディーゼル車から放出された硫黄酸化物や窒素酸化物が結露によって濃縮され、それが沈着するのだそうです（乾性沈着）。カラスの糞《ふん》が付着していれば彼らが何を食べているかがわかるし、使う洗浄液も虫などに害がない成分のものにする必要があります。

屋外彫刻は重い歴史も背負っています。「屋外彫刻は何度も絶滅している」とその修復家は言います。最初の絶滅は、ちょうど村瀬さんのお母さんが満洲でお姉さんやお兄さんの腕に抱かれていた頃に起こりました。明治以降、二宮金次郎像をはじめとするさまざまな像が、モニュメントとして日本の各地につくられます。しかし太平洋戦争下の金属供出で、「銅像も出兵する」ことになり、そのほとんどが溶かされてしまったのです。わずかに残ったものも、「国威発揚につながる」として戦後にGHQによって撤去されるという憂《う》き目に遭いました。

二回目の絶滅は、戦後につくられたセメント像の荒廃です。六〇年代以降、町の美化という目的で、セメント製の像がつくられるようになりました。一九六一年に山口県の宇部で開催された野外彫刻展がきっかけです。そして、それらも数十年するうちに傷みが激しくなります。しかし、設置した自治体の担当者には「金を払って買ったものなのに、なぜケアしなければならないのか」という思いがある。当時は修復のための予算なんて確保されていませんでした。「放っておかれている像がかわいそう」というのが、その方が修復の仕事を始めたきっかけです。人間と同じように像も老化し、介護が必要になります。そしてその背後には、人生を翻弄する歴史の河が流れています。

同じ野外に置かれる作品でも、作家性の強い作品の修復を手がけている方の感覚は、また少し違っていました。作家性の強い作品の場合には、作家がどのような形を想定してつくったのか、という作者の意図が問題になります。しかし、当の作家だって、そのとき何を意図してつくったかなんて明確に覚えてはいないし、すでに亡くなっていて確認できないケースも多い。作家の作品の修復には、常にこの「わからなさとの対話」があります。

修復は見方を変えれば破壊ですから、取り返しのつかない介入をしてしまう可能性もある。その修復家は、「実際に手を動かすまでに二年かかるなんてしょっちゅう」だと言います。こんなふうに、ケアする側が自分のタイミングで介入できるのは、人に対する介護とはだいぶ違う点かもしれません。切迫感がないという意味では楽なようにも見えますが、自分でタイミングを決めなければいけない、というのはどこかバンジージャンプにも似た緊張感があります。

他方で面白かったのは、その修復家の方が、「作業を始めたら頭を使わない」と言っていたことでした。頭を使うと、毎回同じようなやり方をしてしまうからだそうです。

必要なときには、作品を分解したり、穴をあけて部品を取り換えたりする必要がありますが、そこには作家の生理のようなものが見えてくる。「隣のおじさんの生活に入っちゃった感じ」とその修復家は言います。自分の基準で整えるのではなく、「おじさん」の生理にしたがって整えること。自分の体になじんだ技やしみついた癖で判断してしまわないために、「頭を使わない」なのだそうです。

魂のない存在をケアするというのは、いったいどういうことなのでしょうか。

そのことを考えるきっかけとなったもうひとつの出来事は、週末の川口有美子さんとの対談でした。[※3] 川口さんは、一九九五年に筋萎縮性側索硬化症（ＡＬＳ）と診断されたお母さまを、十二年にわたって介護し続けました。ご存知の通り徐々に筋肉が痩せて体が動かなくなる病気で、川口さんのお母さまも途中から人工呼吸器をつけ、最後にはまぶたを閉じたまま目も固定され、意思疎通ができなくなりました。

意識は明晰なのに意思疎通ができない状態は、想像するだけでも大きな恐怖をかきたてます。しかし、川口さんがお母さまを通して経験したことは、少し違っていました。

意思疎通が取れなくなった段階でお母さまの脳波を測ったところ、シータ波が出ていたのだそうです。シータ波とは、瞑想など深いリラックス状態で見られる脳波のこと。

川口さんは、「母は完成された」と思ったと言います。「母は天国と地上の真ん中らへんにいる」「母はもうこの世のことには興味がないし、私たちのことは心配していないんだな」。もちろん、体が動かなくなる過程ではいろいろな葛藤があったはずですが、川口さんは、どこかで「任せよう」と思ったお母さんの意思を尊重しなければならない、と考えました。

面白いのは、お母さまが、魂としては「天国と地上の真ん中らへん」の存在として完成されながら、同時に、代謝する体を地上に残していた、ということです。川口さんは、「母の体のまわりで、私たちはとても幸せに暮らせていた」と言います。家族だけでなくヘルパーさんたちも、お母さまの体をいい状態に保つことが楽しかった、と。脳死を「植物状態」と表現することがありますが（川口さんのお母さまは脳死ではありませんでしたが）、文字通り「心ここにあらず」の体をみんなでケアすることは、農業のような共同性を生むのかもしれません。

患者さんにも、毎日毎日他人に介護されるうちに、自分の体が自分だけのものじゃない、という自覚が生まれてくるのではないか、と川口さんは言います。実際、「自分は死んじゃってもいいけど、自分の体がないとまわりのみんなが困る」と言う患者さんもいるそうです。みんなが困らないように、自分の体を地上に残しておく。

川口さんのご著書のタイトルは『逝かない身体』（医学書院）なのですが、これは「死なない身体」という意味ではなくて、「生かしておく身体」という意味だったのだ、と知りました。まるで「自分の体の留守をみんなにあずかってもらう」みたいな感じですね。

『どもる体』の序章にも書いたのですが、ずっと二元論に関心があります。心と体を別々のものとして考える、心身二元論です。確かに、西洋の哲学の文脈では、二十世紀以降は一元論的な考え方が主流です。二元論はコテンパンに否定され、「心は体である」というような言い方がされてきました。

でも、一元論だと言えるのは、うまくいっている体を前提にしているからなんですよね。うまくいっていない体は、必然的に二元論になります。心は○○したいと思っているのに、体はその通りにならないのですから。

その二元論にもおそらくいろいろなタイプがあります。吃音の二元論は瞬間的にやってくる分裂としての二元論ですが、川口さんのお母さまは分離することによって平穏がもたらされるような、均衡としての二元論を生きていました。心と体を遠く引き離すことによって見えてくるのは、「人間」の狭い定義なんかはるかに超え出るような、未知なる生のあり方です。
二元論は、一歩間違えると本人の思いを無視することになるので、慎重な態度が必要なのですが、そこにある生のかたちに新たな身体論の可能性を探ってみたい。そんな「心ここにあらずな体」に思いをめぐらせた数週間でした。

追伸：素敵な素敵なよりあいの森のはちみつ、ありがとうございました！ 大学に送っていただいたので、未来の人類研究センター事務の中原さんと、コピー室でこっそりひと舐めしました。舌に乗せると徐々に濃くなって、黒蜜やメープルシロップの味まであらわれますね。まさに蜜の味です。そして初めて拝見した村瀬さんの手書きの字。負けず劣らず濃密な村瀬テイストで、中原さんと感激しました。

※1 『きみの体は何者か』（ちくまQブックス）
※2 慶應義塾大学アート・センター・シンポジウム「我に触れよ：コロナ時代に修復を考える」二〇二一年十一月六日
※3 本屋B&B「湿った体のサイボーグ」二〇二一年十一月十四日

29
通目

村瀬から
のお手紙
←
2021.12.19

「いま・ここ」を生きる完成体

→ 伊藤さんへ

伊藤さんが書かれた本、面白そうですね。十代といえば、体がどんどん変容していく年頃です。心も激しく動き回ることでしょう。性別を問わず変容スピードの違いが嫌でも目に付いてしまいます。他者とは違う私を比較して喜んだり、悲しんだり。自分の思い通りに「わたし」が仕上がらないことで血筋を恨んでしまったり。

老いることは十代を逆走するようなものかもしれません。その変容ぶりは十代に負けず劣らず、です。望みもしない容《かたち》に仕上がる「わたし」に戸惑う年頃です。その変容ぶりは付き合い方次第で、喜びにも悲しみにもなるのですが、心中穏やかではありません。

伊藤さんの新しい本、体と付き合うためのパンフレットは青年期だけでなく、老年期に通じるものとして読める気がしました。

体とアイデンティティというテーマは個人的にも切実なテーマです。僕は心と体の噛み合わなさをうんざりするほど感じてきました。運動性のチック症のおかげです。いつ発症したのかよくわかりません。小学校一年生のときに岡山大学附属病院の精神科に受診した記憶がうっすらあるので、たぶん、そのあたりでしょう。右頬がこめかみ方向へと引っ張られるように、ピク、ピクと引きつります。それと鼻がピクピクし出します。父は「お前はウサギか」と言いました。

大人になるにつれて症状は小さくなりましたが、無くなることはありません。むしろ、微妙に増えています。右足の太ももがピクピク。右肩がピクピク。なぜか右ばかり。ときには、嘘みたいにピクつかないときもあり、自分にチック症があったことを忘れるときもあります。かと思うと、倍返しでピクつきます。激しいときは顔に電気を流されたかのようにピクピクしまくります。

最近、気が付いたのですが、心が火遊びしている感じがあります。乾燥しやすい季節は皮膚や鼻の穴がカサカサする。すると肌に引きつる感が出てくるのですが、それに気が付いた心が「ピクピクしないの?」と体に問いかけている瞬間があるんです。「あっ、忘れてた」とばかりに体がピクつき始める。そのように始まるピクピクは収拾がつきません。

右頬のピクピクが耳まで到達することもあります。そのとき、弾みで下顎がコクリと鳴る感じがします。鳴る感じを心が見つけます。すると、頬のピクピクが消失して顎をコクリとさせる運動へと移行します。それが昂《こう》じてしまうと外耳道《がいじどう》の奥、鼓膜のあたりに痛みが走ります。

心はその痛みを怖いもの見たさで味わっている節があるのです。チック症を一番嫌っているはずの僕の心が進んで体とシンクロし始めます。

ときには体が暴走し、ときには心が加担して、いったい誰の仕業で始まり、何をもって収まるのかいまだ不明です。持て余していた体の不随意運動に心が戯《たわむ》れ始めているようで、ちょっと困っています。チック症も吃音のように「瞬間的にやってくる分裂としての二元論」ですね。僕の場合、あろうことかチック症を嫌う心が体をそそのかして症状を悪化させている。分裂する心のおまけ付きです。

心と体の関係はわからないことばかりです。小学校一年生のとき、とにかく、じっとすることができなかったようです。先生から縄跳びで椅子に縛られました。運動場に行くとき、机の上を飛んで渡り、窓から飛び出たこともあります。衝動的で落ち着きがなく多動だった。なので、ずいぶんと叱られていたようですが、そのことで落ち込んだり、傷つくことがあまりなかったように思います。体は猪突猛進状態で心が傷つく暇がなかった感じです。

そう遠くない昔のことですが、すべてのつながりを断ち切りたくなるようなことが、身の上に起こりました。おそらく、人生でもっとも人を傷つけ、自分も傷ついた時期でした。けれど、よく眠れるのです。自分でも腹が立つほど、眠ってしまう。食欲は多少落ちましたが、痩せもしない。おそらく、そのおかげで体が発病しませんでした。

不謹慎だと思うのですが、あのとき、僕は目に見えるかたちで病気になりたかった。病気になって社会から離れたかった。心はそれを望んでいました。好きな映画を観ても感情が動かない。本を読んでも字面を追うだけで、何が書いてあるかわからない。瞬間でしたが日本語が日本語に聞こえず慌てました。心が病んでいる感じなのに体がシンクロしようとしないのです。

計画的に無断欠勤を目論み、実行しました。頭の中に黒雲が垂れ込めてはいましたが普通に出勤できてしまうので、仕事を辞めることができませんでした。そんな僕は健康とはいえません。けれど病気ともいえない。正常ではないが、異常ともいえない。もともと心と体は相性がよくないのではないでしょうか。

小学一年生に遡ると、僕は附属大学病院で「微細脳障害」が疑われていたのかもしれません。今でいうところの、注意欠陥・多動性障害（ＡＤＨＤ）です。発達障害のひとつです。治療するか、しないか、医師も悩んだことでしょう。チック症もあったのでぎりぎりのラインにいたと想像します。それでも医療の対象にならなかったのは、そもそも子どもは多動で衝動的、不注意であるものという概念が勝っていた時代だからだと思います。

二〇〇二年以降から「発達障害」と診断された子どもが急増し始めたことと、二〇〇四年に「ぼけ」が「認知症」へと言い換えられ、認知症患者が増え続けることとは無関係ではありません。子どもにある子どもらしさ、老人にある老人らしさまでもが治療の対象となりうる「医療化」の始まった時代だと考えています。「医療化」とは、これまで医療の対象とされなかった事柄が医療の対象になっていくことです。

処方しやすい薬が開発されると、これまでさじが投げられていた症状に希望の光が当たり始めます。適切な処方が広く行えるように症状が分類され診断基準が設けられる。そして対応マニュアルができあがる。専門医でなくても診断できるようになる。医療における治療法の民主化と病理における正しい理解を啓蒙する大衆化は、医療の基盤を整える一方で、「認知症は脳の病気」という短絡的な認識を社会に流通させもします。

もちろん、治療の可能性が出てくることは、症状で苦しむ人たちにとって大きな救いです。とても喜ばしいことですが、「発達障害」も「認知症」もあくまで症状であって原因疾患ではありません。ですから、症状が個体の病気によるものなのか、そうではないのか「わからなさ」でいっぱいなんです。

症状を引き出す原因は病気に収まらず、生活や社会、自然の営みを含んだ、さまざまな事象が絡み合っているということなんですよね。であるにもかかわらず、可視化できるわかりやすさに偏った概念の共有は「わからなさ」への躊躇いや畏怖を失わせていきます。

自分の実感からちゃんと考えることに躊躇いが生じて、マニュアルに従うことで安心を得ようとします。現実的には、症状が訴えていることに耳を傾けることもなく、ただのリスクとして排除するために安易に薬が処方されることが始まります。本来、薬は自分のために服用するものですが、対応する社会の側（介護する側）の都合で飲まされることが起こり始める。症状で苦しむ人たちが社会にとってのリスクであるかのようにすり替わってしまう。わからないことへの躊躇いのなさは、ささやかな希望を絶望に変えかねません。そのような現状を目の当たりにしてきました。

子どもや老人にかぎらず、認知のあり方は多様に満ちています。けれど僕たちのつくる社会というつわは、その時々の概念で容《かたち》が偏ります。よって、人間の認知のあり方があまりに多様であるがゆえに、うつわからこぼれる人が出てくる。その、こぼれた人たちが社会の都合によって治療や訓練の対象者としてラベリングされていくのです。ときには合法的な排除へとつながっていく。僕はそのことが受け入れ難い。

そんな、こんなで、僕には病理とは違う文脈で老いを手づかみしたい衝動があります。子どもと老いの領域には、概念や精神世界から一方的に観るだけでは了解できない体の世界があります。

長生きした体は不思議なんです。たとえば、耳は遠くなる一方で、直接届いている声よりも、壁から跳ね返ってくる最新の声を拾っている感じがあります。聞こえ方が単に鈍化しているのではなくて、受け取り方が繊細になっている。真夏に寒さを感じる人が少なくありませんし、各感覚器官は鈍化しつつ繊細になり、体全体の感受は敏感になる。天気や気候の影響力がとても強くなります。

世界のとらえ方も変わってきます。より実感に寄ってきます。楽しさは短く、苦しさは長く、そうやって時間が自由に伸び縮みする。空間の見え方も、いま・ここの風景をありのままに写実するようになる。ちょっとした光の当たり方で見慣れたものが初めて見たものになる。かと思うと、初めて訪れる場所を、体に記憶された風景に引き寄せて、よく知っている場所にしてしまう。

記憶もそのような体の受け取りに反応する形で唐突に再生されたりもします。キンモクセイの香りに誘われて思い出せない記憶の存在を感じ、さしたる理由もなく哀しみや喜びが湧いてくるように。時系列からそれながら、空間とも結び付かず、脈絡なく誘い出された記憶と感情に導かれて行動が始まっていく。

時間と空間の概念を失い、記憶が朧《おぼろ》げになるということは、過去から現在を経て未来に向かう時間のベクトルを失ってしまうことです。明日への備えができず、今、どうすべきかがわからなくなる。過去からは、さまざまな年代の私が立ち上がってくる。立ち位置を失い私が溶け出していく。その恐ろしさはいかばかりのものか。

ぼけが荒ぶる背景にはこのような恐怖が潜んでいるように感じます。わたしの中にある野性と理性が噛み合わなくなるのかもしれません。けれど、その混乱の先には未来に対する憂いや、過去に刻まれたつらい呪縛からの解放がある。そこには深い安らぎがあるように思えるのです。深いぼけにもたらされる概念からの完全解放とは、川口有美子さんの言葉を借りれば「完成された」状態なのかもしれません。「いま・ここ」を生きる完成体。深いぼけを抱えたお年寄りを介護するとき、体と心がホッと安堵することがあります。「いま・ここ」を生きる体をケアすることで、ケアする者も「いま・ここ」を生きることができる。そのことが安寧を生むのではないでしょうか。

川口さんのお母様にある深い安寧に、川口さんを始めとしたヘルパーさんたちによる「耕し」が深く関わっていると思いました。心はお人好しでいい加減な面がありますが、生身の体はやはり正直です。生理的な要求が快適に満たされないと長くは生きられません。そんなことを考え続けていました。

追伸‥はちみつ、少ない量で恐縮ですが、楽しんでくださり何よりです。僕の字に着目された思いもしない感想に猛烈な恥ずかしさを感じた次第です。

今回のお返事ですが、書いた字の上に重ね書きをするような感じで、繰り返し書き重ねました。目には見えない文字たちが下敷きとなって沈んでおります。言い訳にもなりませんが、予定の期日にお送りできず、すみませんでした。もう、年末ですね。メリークリスマス！　そして、よいお年を。

30
通目

伊藤からのお手紙
←
2022.01.08

信頼のナルホイヤ

→ 村瀬さんへ

村瀬さん、あけましておめでとうございます。お正月は東京も人の出が少なく、風もなくて、なんだか静止画の中にいるみたいです。

前回のお手紙、窓から飛び出た村瀬さんの体が、どさっと自分の腕の中に落ちてきたようでした。不随意に顔が引きつるチック症のこと、それをそそのかす心の火遊び、多動な体に傷つく暇もない心、引きこもりたい心と病まない体の分裂。体の来歴を語る村瀬さんの言葉には、何度も書いては消したような推敲《すいこう》の跡が感じられ、これはものすごい贈り物をもらってしまったな、と身が引き締まる思いがしました。

私は、その人が自分の体について語るのを聞くのがとても好きです。というか、研究という枠組みの中でそれをすることが私の仕事なのですが、体の話には、最近見た映画の話や、おすすめのレストランの話とは違う、特殊な魅力があるように思います。

長い時間をかけてつくられたその人の体という、放っておけば秘匿《ひとく》されてしまうものを、自分も分けてもらっている。そのことに、共犯者になってしまったというぞくぞく感と、秘密を手元に預けられた以上引き返せないという覚悟と、ちょっとでも自分を信じて語ってくれたという喜びが、ぐちゃぐちゃに入り混じったような気持ちをいつも味わいます。それは、まるでその人の体をうけとってしまったような感覚です。

体をあげる、あるいは体をうけとる、とはいったいどういうことなのでしょうか。ケアの場面では、それが体を人に任せる営みである以上、何らかの仕方で自分の体から留守になる必要があります。それは体をあげることだ、と言えるような気がしています。ケアしてもらうとは体をあげること、ケアをするとは体をうけとることなのではないか。

もちろん、村瀬さんがこれまで語ってくださったように、この「あげる」と「うけとる」のあいだには、人それぞれの作法や塩梅があって、一筋縄ではいかないわけですが、体って、そもそも自分のものでなくてもいいのかもしれませんね。目の前で人が倒れたら、放っておくことはできません。その見た目の所有者だけでなく、居合わせた人みんなにも応答責任を生み出すのが、体という物体の面倒くささであり、面白さです。

前回のお手紙で、ＡＬＳのお母さまの介護をされた川口有美子さんのお話を紹介しました。「患者さんにも、毎日毎日他人に介護されるうちに、自分の体が自分だけのものじゃない、という自覚が生まれてくるのではないか」というお話です。これは、自分の体を徐々に家族やへルパーさんにあげる、ということなのかなと思います。家族やヘルパーさんはその体をうけとり、共有の畑のようにそれをケアすることで、ひとつの共同体として安定していきます。

「自分の体を他人にあげる」とは、心身二元論ですね。ひとつの人格の中で心と体が分裂しているという意味にとらえられがちですが、そもそも体は自分のものでなくてもよかった、という前向きな発見と見ることもできます。たとえば吃音の人が、「思った言葉を体が発してくれない」という分裂によってつまずくとき、それは「意図して伝えることを諦めて、他者のうけとってくれる力に任せる」ことに通じていきます。

体は、私とあなたのあいだに置かれている。自分の体が自分の手には負えなくなったら、その物体を他人の手に渡してしまう。そう考えると、心身二元論は、何だか底抜けに明るい思想です。

もちろん、そう思えるためには、いくつかの前提が必要でしょう。その中で最大のものはおそらく「信頼」です。「あげたら他の人がうけとってくれる」という信頼なくては、人は自分の体を手放すことはできません。うけとられず、自己責任に帰される体は、不安定な「分裂」にとどまるでしょう。

信頼が心身二元状態を可能にする。そのためにはきっと、日常生活で口走るようなレベルの信頼ではだめですね。それはたいてい、心身が統一された個と個のあいだで交わされる信頼にすぎませんから。何しろ、心身二元状態はときに生死に関わります。自分の体を人にあげるのですから、自立や尊厳にも関わります。暴力と隣り合わせともいえる二元状態を可能にするのは、「ここまで信じることができるのか」と戦慄するような奥行きのある信頼であるはずです。

昨年末に、極地旅行家の角幡唯介《かくはたゆうすけ》さんと対談[※1]させていただく機会がありました（いつも近況報告になってしまいすみません）。

角幡さんは、グリーンランド最北の村シオラパルクを拠点に、世界最北の地を犬橇《いぬぞり》で二カ月かけて長期旅行をする、ということを二〇一九年から毎年行っている方です。最北の地というと、何だか極限に挑戦しているようなイメージがありますが、角幡さんの関心は「人類未踏の地を走破する」というような従来の冒険のイメージとはちょっと違っています。むしろ「同じところに小さな違いを見つける」のが面白いのだそう。「北極の地を裏庭化したい」と角幡さんは言います。

「同じところに小さな違いを見つける」ことが重要なのは、「狩り」です。角幡さんの旅は、狩りをしながらの旅です。「人類未踏の地を走破する」場合には、自分の目的が行動の中心にありますが、狩りをする場合には、何度も来ている見慣れた場所に生じた変化に気付き、獲物の身になってその痕跡を感じとる力が必要です。狩りの本質は介護やケアに似ている、と角幡さんは言います。確かにそうかもしれません。狩りは征服ではないんですね。

そんな角幡さんの狩りの師匠は、地元に住むイヌイットたちです。もっとも、イヌイットの世界もかなり近代化しているようですが、その根底には今でも狩り的な世界観がある、と角幡さんは言います。

そのイヌイットの世界観を凝縮した言葉が「ナルホイヤ」です。「ナルホイヤ」とは、現地の言葉で「わからない」「なんともいえん」ということ。

明日の天気を訊いても「ナルホイヤ」、お父さんは今どこにいるのと訊いても「ナルホイヤ」、昨日何を食べたかと訊いても「ナルホイヤ」、犬橇はもうやらないのかと訊いても「ナルホイヤ」……。何を訊いても返事の八割はナルホイヤで、まったく話にならないのだそうです。ある意味で、ぼけが徹底している文化なのです。

角幡さんによれば、本多勝一《ほんだかついち》は、この「ナルホイヤ」の背景に、計画概念の欠如を見出しました。イヌイットたちが暮らす世界は、昼と夜の明暗の交代が失われた、区切りのない一元的時間のつらなりです。景色ものっぺらぼうのように広がる無変化かつ無際限の世界です。この単調さゆえに「くりかえし」が起きず、ゆえに何かを数える契機もない。実際、イヌイットたちは数の概念が希薄で、直感的にわかるのは「五」までだと言います。

しかし角幡さんは、この「ナルホイヤ」にむしろ積極的な意味を見出します。それは、「〈今〉への没入を徹底的に肯定する態度」なのではないか、と。それは、「〈今〉を予期の確認作業にしない」と言い換えることができるかもしれません。

近代化した都市に住む人にとっては、「天気予報で今日は晴れだと言っていたから、傘は置いていこう」といった行動様式が当たり前です。たとえ出かける前に空を見上げることがあったとしても、それは「今日は晴れ」という予報を確認するだけの作業になってしまいがちです。けれども、そんなふうに予期を前提に生きることは、〈今〉の微妙な変化を見落とすことにつながりかねません。遠くに怪しい雲があるかもしれない。風の中に湿気が混じり始めているかもしれない。そうした小さなサインを見落とすことは、都市に生きる人にとってはせいぜい服が濡れる程度かもしれませんが、狩りによって食糧を得ている旅人にとっては致命的です。

だからこそ「ナルホイヤ」が重要になる。実際、イヌイットたちは、自分の感覚で見聞きした直接経験を徹底的に重視します。たとえば八頭の獲物を追っていて六頭を仕留めたとき、彼らは引き算によって「逃げたのは二頭である」と判断することはしません。もし逃げたところを実際に目で見たのが一頭であれば、彼らにとって「逃げたのは一頭」なのです。

そんなイヌイットの世界観に親しんでいる角幡さんですが、やはり圧倒的に違うと感じることも多々あるそうです。たとえば、彼らは、帰りの食糧を持たずに旅に出ることができます。獲物がほとんどいないような場所を何百キロも旅するにもかかわらず、もしものために十分な食べ物を積んで出かけたりはしないのだそうです。

なぜそんなことができるのか。それは、彼らが無鉄砲だからではありません。角幡さんは、自らとイヌイットの決定的な違いは「大地への信頼」だと言います。土地や動物をひっくるめた自然そのものとしての大地を信頼しているから、「食糧がなくてもたぶん何とかなる」と思える。もちろん、彼らには狩りの技術や豊富な土地の知識があります。でも、最終的な根拠を「自分」におけるほど、自然は甘くないでしょう。にもかかわらず、そして、だからこそ、彼らはむしろ大地のほうを信じている。この先どうなるかわからないという不確実性があったとしても、大地を信頼しているから、計画が不要なのです。

私が面白いなと思ったのは、この大地への信頼を、角幡さんが「組み込まれている」という言葉で表現したことでした。「土地や動物の事情に組み込まれること、土地と自分を隔てる境界線を消すことが一番効率的であり、自由になる」。組み込まれてしまえば、自分もその一部だから、不確実性はもはや不確実性ではなくなるんですよね。「獲物を捕れると思うことに飛躍がない」と角幡さんは言います。

自分という存在を、大地という計り知れないメカニズムの一部だと考えるこの感覚は、川口さんのお母さまの体が、何人もの他者の日常の中に組み込まれることによって生を保っていることと、どこか似ているように思います。体を自分でないものの中に組み込んでしまう。そんな信頼の深みに私はまだまだ到達することができませんが、そういう生のあり方が、おそらく存在するのだろうと思います。

角幡さんは、日高山脈を地図なしで登山したそうです。地図がないから、どっちに行けば何があるという未来予測が立たないし、そもそも自分の足元の地面が何という山の何という尾根なのかもわからない。時間のベクトルと言葉が失われたそれは、むきだしになった「生の山」だと角幡さんは言います。ぼけの深まったお年寄りの見ている世界と、どこか通じているかもしれません。

※1　伊藤亜紗×角幡唯介「狩りとケアから考える」朝日新聞、二〇二二年一月一日

31
通目

村瀬から
のお手紙
←
2022.01.22

内臓の時間

→ 伊藤さんへ

伊藤さん、あけましておめでとうございます。

昨年はどさっと落ちた僕の体をうけとめてくださいましてありがとうございました。秘匿することなく、手放すことができました。またひとつ自由を得た気分です。「共犯者になってしまったというぞくぞく感と、秘密を手元に預けられた以上引き返せないという覚悟」と伊藤さんは書いていています。それは介護する僕たちの心持ちと重なるものでした。

あるお婆さんに新年の抱負を聞いたことがあるのですが、「人に預けた」とおっしゃいました。なんだか、哲学的ですね。階段をひとつ、ひとつ、降りるように、できないことが増える。自分の意思と体が乖離していることを強く実感する。老いがどんどん深まって、すべてがコントロール不能になっていくのですから、諦めるように自分の体を手放していくんだと思います。長生きすればするほど、「自分の体」と思っていたものが、実はそうではなかったことに気が付く日がやって来るんですよね、きっと。体にある内なる自然に沿わざるをえないのが老いなのだと思います。でもそれは、自然から受け取ってもらうことでもあって、もう無理はしなくてよいのです。

諦めるというとネガティブなイメージがしますが、実際はもっと心地よいのではないかと想像します。すごく耳の遠いお婆さんがいたのですが、そのことを免罪符に自分でできることすら人にさせていました。「耳が遠かけん、わからん、いっちょん、わからん」と言いながらも自分の好きなことだけはちゃんとできる。ずるいというより、自分で自分をお役御免にするのです。寂しさを味わいながら自由になる。あの姿がとてもカッコいい。僕もお婆さんのように老いたいと思っています。

体を手放すまでには、相当な葛藤が待ち受けているのですが、「人に預けた」を超えて「あげる」のですから、もう怖いものはありません。介護を生業《なりわい》とするものとして、その手伝いができるといいなと思いました。

今回のお手紙も深く考えさせられました。そして、とても面白い。川口さんのお母さんの手放された体をみんなで耕して、その営みが共同体になる。誰の所有物でもない、ただ耕されるために存在している。耕すことで生じる成果が目的ではなく、耕すこと自体が共同体の目的になる。まさに介護の本質をあらわしています。

興味深かったのは「ケアの場面では、それが体を人に任せる営みである以上、何らかの仕方で自分の体から留守になる必要があります。それは体をあげることだ、と言えるような気がしています。ケアしてもらうとは体をあげること、ケアをするとは体をうけとることなのではないか」と書いてあるところです。

これを読んだとき、ケアする体にも同じ営みがあると思えました。「身体介助の場面では、それが当事者の行為を成立させる営みである以上、介助者は何らかの仕方で自分の体を留守にする必要があります。それは体をあげることだ、と言える気がしています。ケアするとは体をあげること、ケアされるとは体をうけとることなのではないか」と読み替えることができました。

もうひとつあります。それは伊藤さんが吃音によって言いたい言葉を発することができず、つまずいたときのことを書いているところです。「意図して伝えることを諦めて、他者のうけとってくれる力に任せる」とありました。それは、ケアが当事者にうけとってもらえずつまずいたときの態度と通じています。「意図してケアすることを諦めて、当事者のうけとってくれる力に任せる」と読むことができました。

そして「信頼が心身二元状態を可能にする」と伊藤さんは指摘します。信頼の生成が要《かなめ》になると、僕も思いました。

お手紙を読み進めるうちに、ある夜勤が蘇《よみがえ》ってきました。四年前の話です。よりあいの森を開所して数年は茨《いばら》の道でした。離職率も過去最高。とうとう夜勤者が足りず、僕も現場に入りました。真夜中のトイレでの話です。あるお婆さんの便は粘土のような軟便で、拭いても、拭いても、切れません。ウォシュレットで洗い流し、「もう出ないかな」とチリ紙で拭くのですが、ほんのちょっと漏れ出てくる。お婆さんの肛門に全集中して、洗ったり、拭きとったりを繰り返しておりました。

すると、お婆さんが僕をたしなめたのです。「あんた、いつまで、そこをいじくり回すとね」と。言葉がほとんど出づらくなっていたお婆さんの流暢《りゆうちよう》な言葉でした。ハッとしました。集中しすぎてどれくらいの時間をかけていたのか、わかりませんでした。僕も好きでいじくり回していたのではありませんが、お婆さんも根気よく付き合ってくれたものです。

お尻拭きをほどほどにしてパンツをはき直しました。ベッドに横たわるべく、移動介助を始めます。まずは便器から立ち上がらなければなりません。お婆さんは自分の力で膝が立ち上がるまで、僕の力を借ります。介助していると、膝が自力で立ち上がってくるのを感じます。僕はその力に沿いながら一緒に立ち上がります。

そして、独りで歩くことができないお婆さんと歩きます。僕の手はお婆さんの両肘を支えます。お婆さんの手は僕の両上腕を摑んでいます。ゆっくりとお婆さんの体を左に傾けて、左足が軸となるようにします。バランスが崩れたところを見計らって、お婆さんの右腕が前に出るように少し引っ張ると、右足が宙を浮き一歩が出る。次は着地した右足を軸にする。同じ行為を繰り返して、一緒に歩きます。

バランスを崩しては立て直す。その共同作業で歩くことができる。お婆さんと一緒に歩いていて、得も言われぬ心地よさを感じました。でもそれは、お婆さんが体を委ねてくれたことによる嬉しさや一緒に歩けた達成感だけではありませんでした。

バランスを崩して立て直す。つくっては、壊す。壊しては、つくる。それがリズムになる。歩きにかぎらず動きには、バランスを崩して立て直すといった繰り返しがベースにあると感じています。固定化された安定ではなく、不安定を持続する動的な安定です。

ふたつの体がひとつの行為を成そうとするとき、動的な安定を得るために、体は交感することに没頭しているのではないでしょうか。感覚を開き、互いに探り合っている。何かをするという行為の目的をいったん手放して、潮時に当たることに集中しきっている感じと言ったらいいでしょうか。

自力ではまったく動けない体も、他者の体とともに動くときは感覚を開いて、介助する体をうけとっているように思えます。介助する体もまた、同じように介助される体をうけとる。互いに体を留守にして、相手の体をうけとめる。体を差し出すことで両者に深い受容状態が生まれるのではないかと思います。そのような状態になると、相手の体に機能障害のあることをあまり意識しなくなります。ケアする、されるとは、留守となった体に入り込んできた他者の体を、もてなし、ねぎらうことかもしれません。

このような感覚は二十〜四十代にはないものでした。五十代も中ごろになった体が感じえるものかもしれません。五十五歳を超えたあたりから、これまでとひと味違う体の変容を感じてきました。老いをより強く実感しています。

これまで僕の体はスピードに溢れていました。なので、おおかたの行動や行為は勇み足になりがちでした。けれど、老いることで、どことなく滞りが生じていて、スピードが落ちています。まだ、残り火のような前のめりはありますが、確実にテンポが落ちています。最近はそのスピードの落ち具合が心地よいのです。やっと、地に足がついてきた感じです。

瞬発力はあっても持続性がないので、介助のあり方もずいぶんと変わってきました。これまでの介助は、相手の機能障害を意識して僕のパワーを貸している感じだったと改めて思いました。遅まきながら、波長やタイミングを合わせる条件が整ってきたようです。力んだケアがお年寄りから「抗い」を生じさせているのかもしれません。

深く老いた体の傍にいると、のんびり、ゆっくりとした時間が流れます。なんとなく居心地がよくなる。あの時間の発生源は内臓にあるのではないかと思います。随意に動く筋肉の時間はパワフルで瞬間的なものです。スポーツは筋肉が発するパワーを時間に変換して、時間の短縮や延長を競います。それができるのも、人生のごくかぎられた時間ですね。老いが深まると、代謝が生み出すエネルギーは筋肉の衰えによってパワーに変換される機会を失っていきます。

かたや内臓は絶え間なく動き続けています。内臓からすれば時間など存在しないのかもしれません。時間の切れ目は死んだときですから。内臓の営みがメインとなった老いた体の傍らにいると時間の速い・遅いといった感覚から逃れることができる気がします。体は定点的な存在に変容し、空間の見当など不要になる。時空の見当がつかないのではなく、時空の見当など不必要な大地の突起物になるのでしょう。

大地には時空を見失うほどの悠久とした営みがあります。老人のちっぽけな体にも大地と似た悠久を感じます。それは人間の体が大地の突起物である証のように思います。大地には時空を問わない流れと広がりがあり、それが深い受容性を育んでいるのではないでしょうか。人間の体にもその営みの端くれが備わっているはずです。そう考えることができれば、なんだか心も鎮まります。

宇宙から見れば人間の体なんて大地から生えた地球の極小な一部にすぎません。最初から大地の営みに組み込まれた存在です。ところがその大地から自立して地球と対等になったと、根拠なく信じることのできる動物が人なのかもしれません。「人の命は地球よりも重い」と表現した政治家もいますから。

一年ほど前のことですが、伊藤さんから「ぼけが重いではなく、ぼけが深いと言うのはなぜですか」と問いかけられたことがあります。ぼけを障害のレベルでとらえると「軽・中・重」の量で表現されます。軽い症状、重い症状という理解につながりがちです。その表現だけでは重いと介護が大変、軽いと楽といったイメージだけが先行しやすいんです。老いやぼけを介護の量からとらえるだけではつらさが先立ってくる。それはどう処理するかといった方法論に陥りやすい。けれど世界で感じると面白くなる。興味や関心が湧いてきます。

浅い海には浅瀬の生態があるように、深い海には深淵《しんえん》の生態がある。それぞれに営み方が違っている。浅い海には戯れやすさがありますが、深海には接触することすらできません。老いやぼけが深まった体には、どこか交流を許さない世界があるように思えます。安易な共感や理解を寄せつけないナルホイヤの世界。けれど、時間のベクトルや空間的境界から支配されず、意味や目的からも解放されている。すべてを受け入れる深さの広がりがあります。

イヌイットの真っ白な世界と深海の真っ黒の世界には、人間の概念が通用しない、ぼけの世界があるのかもしれませんね。社会は認知症のある人を包摂しようと言いますが、社会の側がすでに包摂されていることに気付いていないと思えてきます。

「ナルホイヤ」ってなんかいいですね。言葉の響きも好きです。「ナルホイヤのお手紙」をいただく直前につれ合いとの会話で「僕の顔はイヌイット系だ」という話になっておりました。

第七章

生身の痕跡を手紙に残す

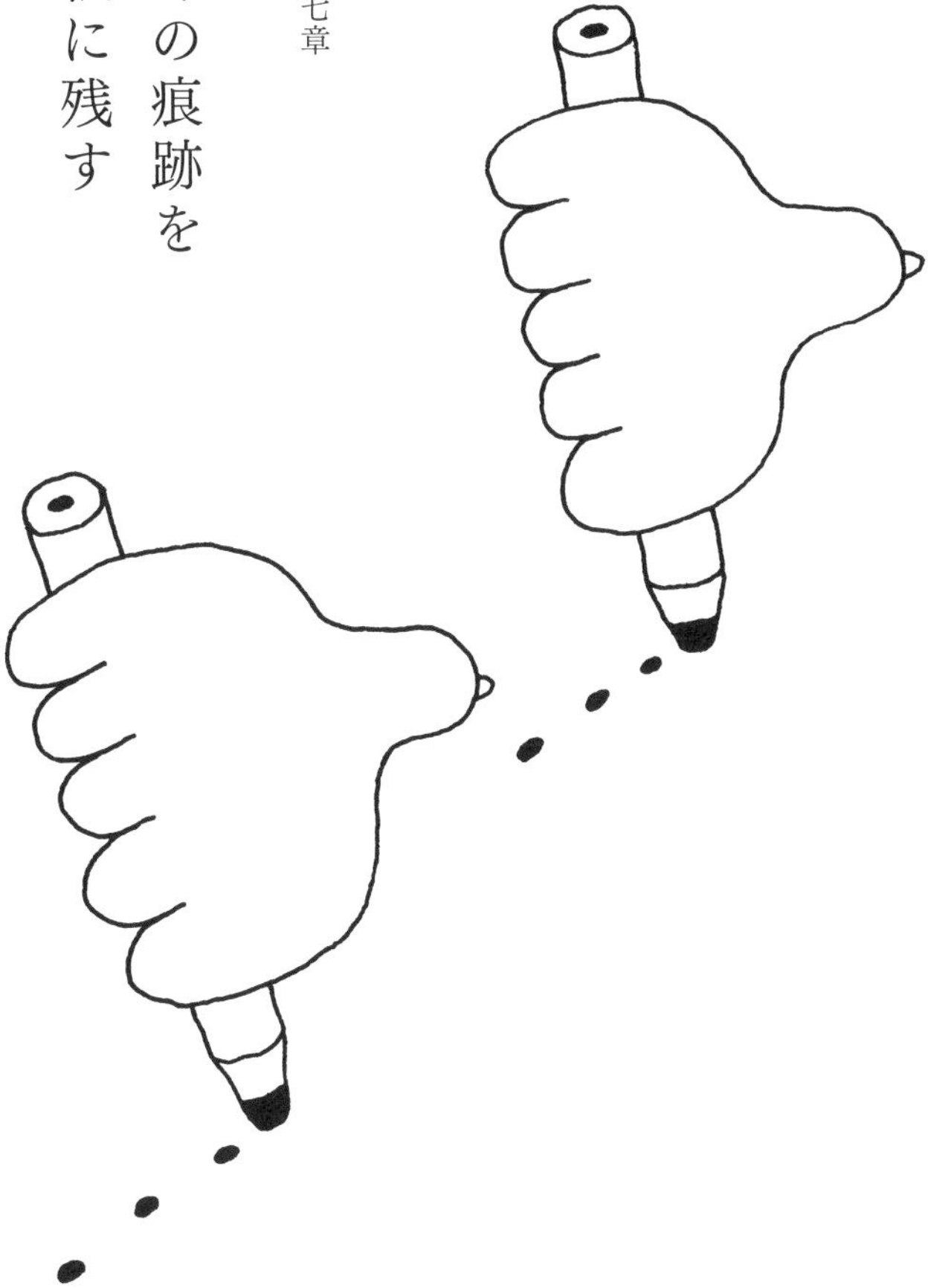

二〇二二年春

32
通目

伊藤からのお手紙
←
2022.02.07

生ものはオフバランス

→ 村瀬さんへ

筋肉の時間を乗り越えていく内臓の時間。老いをそんなふうに考えたことはありませんでした。意志によって動かす筋肉の時間には、一回一回の行為として完結するアーティキュレーションがあります。一方で内臓は動き続ける悠久の営みであり、人間的な意味での時間の概念をもはや超えています。

確かに、初めて胃カメラをやったときは衝撃を受けました。お医者さんと一緒にモニターを見ていたのですが、そこに映し出される自分の食道や胃、十二指腸たちは、ものすごく動いていました。椅子に座っていることを「じっとしている」なんて言っていいのかなと思いました。手や足の目に見える動きがなくとも、体の中は活動を続けています。四肢の動きなんて、生きるための内臓の運動からしたら、表面の装飾みたいなものなんじゃないでしょうか。実際、一日のエネルギー消費の七割は基礎代謝と言われています。

そして、その内臓の時間は大地とつながっていると村瀬さんは書かれています。お年寄りの体のそばにいると、その体がもつ時空を問わない流れと広がりを感じて、まるで大地の突起物を前にしているように思える、と。それがケアにつながる深い受容性をつくり出しているのではないか、と書かれています。

以前、ある研究発表のために、江戸時代の農民の休日について調べたことがあります。近代化以前の、大地により近い生活をしていた人たちの時間感覚について知るためです。

言われてみれば当たり前なのですが、当時、休日は村ごとに決められていました。今のように全国的に統一された「国民の祝日」なんていうものはなくて、それぞれの土地の気候的な条件に対応した農作業の要不要に応じて、その村の休日が決められていたのです。休日の日数は、十八世紀後半の資料で年間五十〜六十日、中には八十日のところもあったようですから、この数字を見るかぎり「働きづめ」というよりは「けっこう休んでいる」という印象を受けます。人間の生産性ではなく土地の生産性を基準にしているからこその時間感覚だなと思います。

食事に関しても、季節による変化は今よりかなり大きかったようです。代《しろ》かきや田植えなど重労働が多い時期は食事の量が多く、秋以降には少なくなります。大地が勢いづくと内臓も大いに働き、大地が静まると内臓も活動を控えました。そうなれば排泄物の量や内容にも変化が生じますから、それが肥料になるとすれば、内臓のリズムがふたたび大地に帰っていくことになります。

オフバランスが生み出すお婆さんと村瀬さんの共同歩行にも感銘を受けました。先日、よりあいの森が特集されたテレビ番組（なぜか泣いてしまいました）を見ていたこともあって、室内の様子や村瀬さんの表情が克明に再現できました。

学生時代に研究していたポール・ヴァレリーというフランスの詩人は、「うまくいかない出来事が詩になる」と言いました。スラスラと何も感じずにできてしまう健康そのものなのが散文、そうはいかないところから生まれるのが詩。夜更《よふ》けのよりあいの森に響くお婆さんと村瀬さんの共同歩行のリズムは、確かに詩みたいだなと思いました。

詩ってやたらオフバランスをつくりますよね。倒置法なんてその典型です。「みつかった」って先に宣言して、読み手が「え、何が？　何のこと？」とオフバランスになっているところに、「永遠が」という答えを提示して、安定させる。その繰り返しです。

散文的に「永遠がみつかった」と言ってしまえばただの意味の伝達で終わりなのですが、最初に目的語を留守にしておくからこそ、読者の「何のこと？」という動きが引き出される。そして、詩の言葉と読者の体が絡まり合ったところに「永遠が」というねぎらいがおとずれるのです。ヴァレリーは、詩はそうやって読者の身体的諸機能を開拓するんだ、と言いました。

今年の年末からお正月にかけて、実は私も少し違う角度から内臓とオフバランスについて考えていました。「生《なま》」という概念が気になっていたのです。

「生」という言葉には、プラスとマイナスの両方の意味が含まれています。「生野菜」や「生キャラメル」は明らかによい意味です。でも「生半可《なまはんか》」「生煮え」は、「中途半端」「熟していない」というあまりよくない意味です。つまり、生はどっちにでも転びうる概念です。

どっちにも転びうるところに何があるのか。それが知りたくて、一番典型的な「生」について調べてみました。そう、「生ビール」の生です。あちこちのビールメーカーの社史や新聞記事を読みあさってみました。すると、生ビールにおける生の意味をめぐって、かつて「生論争」という論争が起こっていたことがわかりました。

詳しくは別のところにも書いたのですが[※1]、きっかけは一九六七年にサントリーが発売した「純生《じゅんなま》」です。それまで家飲み用のビールは加熱処理されたものが中心でした。発酵の過程で活躍した酵母が生きたまま残っていると、流通の過程で品質が不安定になってしまうため、加熱殺菌してから出荷されていたのです。でも、この方法だと「パストリ臭」と呼ばれる嫌な臭いがついてしまう。だから家用のビールはビアホールで樽《たる》から出されたビールより味が劣るとされていました。

これに対して、サントリーの「純生」がとった戦略は、ミクロフィルターという装置を使ってビールを濾過《ろか》する方法でした。濾過することで、用済みの酵母そのものを取り除いてしまおう、というやり方なのです。これであれば、加熱処理していないので、臭いもしません。酵母がいないから味が劣化することもない。余計なものが入っていない生ビールだから「純」生で

32通目 → 生ものはオフバランス(伊藤亜紗)

す。サントリーにとって生とは、味が変わらずに維持される、という意味での「フレッシュさ」でした。

この生概念に猛然と噛みついたのがアサヒでした。アサヒの主張は酵母が生きていないビールなんて生じゃない、というものでした。そして一九六九年に「本生《ほんなま》」を発売。加熱処理もせず、濾過もせず、酵母がそのまま混じっているビールです。「本生」の売りは、ラベルに賞味期限が明記されていることでした。酵母が生きていますから、味が落ちないようにするためには温度を保ち、短時間で届ける必要がある。それを実現するために、アサヒは流通の仕組みから見直します。アサヒにとっての生とは、「生きていること」でした。

生論争は結局、一九七九年にサントリーの主張が認められる形で決着します。公正取引委員会の規約で、加熱処理していないものが生であると明記され、酵母が生きていなくてもよいことになったのです。その後、アサヒも濾過方式の生ビールを発売しています。

私はビール党なので、ビールが気軽に飲めるようになったのはとても嬉しいのですが、この決着には少し残念な気もします。そもそも発酵と腐敗は同じ過程ですが、サントリーの発想は、このふたつのあいだにスパっと線を引いてしまいます。そこでの「フレッシュさ」は、とれたてという意味ではなくて、樽から出したときの状態が時を超えて維持されているという「無時間性」を指しています。

一方でアサヒの発想は、発酵と腐敗がそもそも連続しているという前提の範囲内で、商品としての人間の経済活動を成り立たせようとしています。「生ものだ」と言われると、いただく側も、傷むことを承知で、扱いに気を付けようという気になる。ここに、プラスの意味とマイナスの意味をあわせもつ「生」という概念のポテンシャルがあるような気がします。

経済活動という計画的で人工的な営みの中にあって、先の読めない生き物の営みに沿うという姿勢を人々から引き出してしまうのです。せっかく「生」という言葉を使うなら、このポテンシャルのために使いたいなと思います。

生き物の営みに沿うという意味では、もっといろいろなものを「生」化することができるかもしれません。たとえば靴。最近知ったSyntropiaというプロジェクト[※2]は、ポリカルチャー方式でさまざまな植物を畑に植えて、そこで収穫されたものから靴をつくっています。面白いのは、シーズンごとに採れる植物が違うので、靴のデザインも変わるんですよね。履き心地がどうなのか、いつか試してみたいなと思いますが、食品以外のものも「生」化できるんだなと思いました。

靴ができるなら衣服もきっとできますね。環境への負荷や労働の問題も、服を生化することで解決できるかもしれません。雑誌なんかはどうでしょう。毎月同じ日に発売されるのではなく、編集部の体調やひらめきによって、発売の日にちもページ数も変わってくるとしたら。

大学の講義では一度試したことがあって、その講義の規定の授業時間は九十分だったのですが、「これで話は十分尽きた」と感じられた時点で終わりにしてみました。学生からは苦情がきましたが（笑）。

すべてが高度にシステム化された東京的世界の中にどっぷり浸かっていると、こうしたことは絵空事にしか響きません。でも一方で、時と場所が変われば、案外そうでもないのかもしれない、とも思います。

村瀬さんがお送りくださったはちみつに添付されていた冊子にも、手書きで「とりたての蜜です」と書いてありました。「とれたて」じゃなくて「とりたて」なんですね。蜂が人間のためにつくったわけではないものを、「とって」いるからでしょうか。この数カ月間、お腹の中で温め続けている小さな疑問です。

※1 「天気のしらせ　第6回　生き物と経済――『生【なま】』とは何か」二〇二二年一月十七日　http://s-scrap.com/7271

※2 Syntropia　https://www.youfab.info/2021/winners/syntropia?lang=ja

33
通目

村瀬からのお手紙 ←

2022.02.23

Viva、限界

→ 伊藤さんへ

そろそろ春ですね。よりあいの森の梅は白い花が満開です。みつばちたちが活躍してくれれば、たくさん実をつけるでしょう。例年、お年寄りたちと梅酒やシロップをつくります。美味しくできるといいなぁと思いつつ眺めています。

はちみつに添付した小冊子に「とりたて」と確かに書きました。それは、伊藤さんが推測したように「盗《と》りたて」だからです。僕が採ったものでもないものを「とれたて」と書くのはおこがましいし、とはいえ、「盗りたて」と書くと伊藤さんの喉に通りづらいだろう。そこで「とりたて」とした次第です。目の付け所がいいですね。僕のちょっとした躊躇を見逃さない（笑）。

みつばちの寿命は三十日、越冬期で百四十日といわれています。同じみつばちなのに寿命が違うのは代謝の違いのようです。花が咲き乱れる季節は活発に活動するのでエネルギー代謝も大きく短命になる。冬は集団で球をつくり、じっとしている時間が長いので代謝エネルギーが小さく長命になる。お手紙にあった、江戸時代の農民の内臓もミツバチの営みも、大地とともにあることがうらやましいです。

みつばちたちの時間感覚には学ぶものがあります。僕らがいただいた（盗った）蜜は冬に生まれる妹たちのために溜め込んでいるものです。ずいぶん先の世代が直面する越冬期の食糧難に備えています。あの小さな体の短い一生で、気が遠くなるぐらい先の世代の食事を心配しています。リアルな共感もなく時空を超えて越冬の苦労を分かち合っているのです。

季節をめぐる土地の生産性を通じて、未来を慮《おもんぱか》る時間感覚を得たのですね。みつばちたちのような時間感覚を、僕たちの体は持ちえているだろうかと考えてしまいます。

一月末から二月中旬にかけて、目まぐるしく生身と向き合う日々でした。新型コロナウイルスです。発症者が相次ぎました。お年寄りと職員の体が集団で激しく移り変わりました。体から体へと伝播《でんぱ》するウイルス。発症しない体とする体。悪寒《おかん》に震える体。上がり下がりする熱。流れる鼻水。つまる鼻。ゴロゴロと鳴る喉。ゼコゼコする気道。絞り出るような咳。待機や療養する職員に合わせて、勤務表は毎日のように書き換えられました。発症のピーク時は時間単位で勤務調整が迫られました。リーダーたちは計画しては壊されることに直面します。長時間化する労働、家族への感染を配慮して自宅に帰れない職員。緊張と疲労の蓄積。ピリピリ、ハラハラする心。こぼれる涙。躊躇いと開き直り。他者と連携し協力し合う体と心。

生々しく変化し続ける人の集団。嚙み合わないシステム。さまざまな限界が短時間に立ち上がりました。

そんな中にあって、唯一の救いはお年寄りの食欲でした。幸いなことに、発症したお年寄りのほとんどがご飯を食べていたのです。「飲むこと、食べること」は生命活動の質をあらわすバロメーターです。お年寄りは肺炎になっても発熱しなかったりします。血の行き渡りが悪いせいかパルスオキシメーターが酸素濃度を拾いにくかったりと、測定機器が当てにならないこともよくあります。感染の有無を示す検査も精度に問題があったり、システムが追いつかなかったりしました。

可視化できる数値は一応の目安にはなりますが質を表現するには至りません。表情や顔色、目の力、体にこもる力具合、漂う雰囲気を日常と比較して調子を知ることができます。最終的には体と体の交感によって状況を了解することに落ち着きます。発症したお年寄りの体が峠《とうげ》を越していく様子を、職員たちは体で感じ取っていました。

安堵の決め手は「飲んでいる。ご飯を食べている」でした。「今日一日、飲み食べができたね」と喜び合いました。そして「今日も飲み食べできるだろうか」という心配から一日が始まります。高い熱が出ても飲めてさえいれば、食べてさえいれば希望をつなぐことができました。「排泄が順調」「よく眠れている」が加わるとさらに安堵は深まります。基礎代謝を支える食欲。内臓の健在ぶりを伝える排泄。回復を助ける眠り。これらは命の核であると強く実感し直しました。

お年寄りも職員も生身を生きています。その「生」が活き活きとなるには、どのように対応したらよいのでしょうか。ビールの「生論争」に対する伊藤さんの考えに感銘を受けました。

生身には限界があります。特に生理現象の限界を受けて湧き上がる気持ちはコントロールし難い。できないと言っていいでしょう。眠らないお年寄りに一晩付き合うときの憔悴《しょうすい》や心の乱れとどう折り合うのか、ずっと向き合ってきました。大切なのは個のスキルを高めて乗りきるのではなく、改めて休みをとり、じっくり眠ることです。必要なのはスキルより、ゆとりだと思います。

問題は、そうしたくてもできない社会活動の都合にあります。都合ばかりを優先させると生身によくないことが必ず起きます。「いきることわり」と書いて「生理」と言うのですから、生理に沿って制度を整え社会を創れば、もっとゆとりが生まれることでしょう。

そのことをもっとも邪魔しているのはお金を溜め込めば限界を超えられると期待する人間の幻想かもしれません。お金は腐るという限界を知らないのです。お金を溜め込めないような仕組みをつくれば、富の分配が可能になり、働けない人たちにも広く行き届かせることができます。僕はそのような運用を強く求めます。話がそれました。

サントリーは生産から生き物にある限界をなくす努力をしています。ビールのスキルを高めて乗りきる発想です。いっぽうアサヒは限界を排除せず折り合いをつけることに努力します。アサヒのシステムが主流になっていれば「傷むことを承知で、扱いに気を付けよう」という意識がもっと社会に浸透したかもしれませんね。生身にある都合、生身の違いによる都合、社会活動にある都合、それぞれの都合を持ち寄って折り合いをつける。僕なら生身の限界を個のスキルで乗りきる苦労より、折り合いをつける苦労を選びます。

僕が二十代の頃に働いていた特養は一〇〇人のお年寄りがお住まいでした。三十五年前は寮母さん（介護員）が二三名雇用されていました。四対一の人員配置です。よりあいの森では二八名のお年寄りに対して介護員を二二名雇用しています。一・三対一の人員配置です。それでも、ゆとりがあるとはいえません（国は人材不足を理由にまた四対一に戻そうとしています。つまり当時の国も今の国もその人員配置で介護できると考えているのです）。

このような介護環境に、食事、排泄、睡眠、入浴への介助が画一的な流れ作業になる一因があります。人を物のように扱ってしまうのです。当然、お年寄りは活き活きしません。ぼけは荒ぶり、寝たきりが進みます。

当時の寮母さんたちも「ゆとり」がないと嘆いていました。では、どんな状態になればゆとりがあると感じられるのか、ひとりひとりに聞いてみました。意見を整理するとふたつの価値観があらわれました。

ひとつは「食事」「排泄」「入浴」を職員みんなで一斉に介助して早く終わらせるというものです。もっと効率を上げて介助時間を短縮し、そのあとゆっくりお年寄りと過ごすことが「ゆとり」であると主張します。この価値観は個人に、あるスキルを要求します。「より速く」です。遅い職員は批判の対象となり疎《うと》まれます。速さにノレないお年寄りは存在が問題化していきます。

もうひとつは「食事」「排泄」「入浴」「睡眠」に時間をかけて関わりたいというものでした。ひとつ、ひとつの行為に時間をかけたい。その人のリズムやペースに合わせるための待つ時間が欲しい、それが「ゆとり」であると主張します。この価値観には生身の限界を見据えて折り合いをつける調整力が求められます。

「生論争」ならぬ「ゆとり論争」が勃発《ぼっぱつ》しました。同じ「ゆとり」という言葉を用いても価値観は一八〇度違います。両者の主張を具体的に実現しようとすると、正反対のシステムができあがります。僕たちの施設は後者の主張を採択しました。「生論争」に照らせば「傷むことを承知で、扱いに気を付ける」、アサヒのシステムを選んだことになります。

限界に折り合うとは合意の形成を不断に努めることです。「ゆとり」はそのような態度から生まれ、育てていくものだと思います。

最後に。お婆さんとの共同歩行と詩にある共通性を伊藤さんは教えてくれました。歩行と詩。一見、共通点など感じられない事柄がオフバランスという点で重なり合うんですね。「詩はそうやって読者の身体的諸機能を開拓するんだ」というヴァレリー。感動しました。

追伸：よりあいの森で新型コロナウイルスの感染が広がりつつあることを担当編集の星野さんにお知らせしたところ、お返事の締め切りに納期を設けないご配慮がありました。いつもですが……（笑）。生身の限界に気遣ってくださいました。締め切りを手放すにはその後の調整に腹をくくる覚悟がいります。感謝です。伊藤さんのおっしゃる体調やひらめきで発売の日にちもページ数も変わってくる雑誌の誕生も夢ではないように思います。季節ごとに変わる畑の靴も普及するかも。システムをつくるのは人ですから、つくったシステムを壊すよう人を踏み切らせてくれるのは限界です。「Ｖｉｖａ、限界」。

33通目 → Viva、限界（村瀬孝生）

34 通目

伊藤からのお手紙
←
2022.03.08

苦し紛れのアンダンテ

→ 村瀬さんへ

ウイルスとの抜き差しならない戦いの中、お手紙をくださりありがとうございます。休息は十分にとれたでしょうか。感染が流行すると生身で接することはリスクを伴うけど、でもそんなときこそ食欲や顔色といった生理を生身で感じることが救いになるのですね。

生身といえば、学生時代の師匠の言葉を思い出します。ウイルスではなく音楽の話なのですが、よく楽譜の左上にテンポを示す指標が書いてありますよね。「アレグロ（速く）」とか「モデラート（中くらいの速さで）」とかいうやつです。

その中に、「アンダンテ」というものがあります。速さでいうと、一分間に四分音符が六三〜七六個入るくらい。「モデラート」より少し遅めです。

ところが私の師匠は、著作の中で、この「アンダンテ＝六三〜七六」という通説に猛然と反発しているんです。

アンダンテは「歩くような」という意味です。もちろん、早足のひともいれば、ゆっくり歩くひともいます。早足のひとにとっては、その早足の速さがアンダンテであり、ゆっくり歩くひとにはその速度がアンダンテです。これをメトロノーム記号で数値的に固定して表示するのは、誤った考え方です。

（佐々木健一『美学への招待』中公新書、二〇〇四年、一三六頁）

つまり、「アンダンテ」という言葉が意味しているのは、誰にとっても通用する普遍的な数値として表現される速さではなくて、人それぞれ異なる、その人にとっての歩く速さだというのです。せかせか歩く人はせかせか弾いてよいし、どっしりした人はどっしりと弾いてよい。共同歩行する村瀬さんとお婆さんの場合には、いったいどんなアンダンテが生まれるのでしょうか。

私は子どもの頃にピアノを習っていたのですが、師匠のこの説にはかなり衝撃を受けました。楽譜の指示は交通ルールみたいなものだと思い込んでいたので、守らなければルール違反で大変なことになってしまう、となんだかビクビクしていたのです。

でもよく考えてみれば、もし楽譜がルールなのだとしたら、最初から「一分間に四分音符六三〜七六個」と書けばいい話ですよね（実際、そう書いてある楽譜も見たことがあります）。ところがそうは書いていない。だとすれば、この楽譜を書いた人は、外部に客観的なルールを設定し、演奏をしばることが目的ではなかった、ということですよね。師匠の言うことが正しいとすれば、自分の生身の身体感覚を参照しながら弾かせることが、「アンダンテ」という表記の目的だった、ということになります。

そんなことを言うのは師匠が美学者だからなのかな、と思っていたのですが、どうやらそうではないことを最近知りました。上級者向けのピアノのレッスンを見学する機会があったのです。見学したのはひとりの先生だったので、指導としてどの程度一般的なのかわかりませんが、その先生も、生身を参照する指導をされていたのです。

先生が問題にしたのは、モーツァルトの曲にあった「アレグロ」でした。日本語で言うと「速く」です。生徒さんの弾き方は、おそらく数値的には問題なかったのだと思います。けれども先生は、その速さの質を問題にしました。

先生は、こう質問を投げかけました。「モーツァルトの時代に一番、速かったものは何だと思う？」。現代ならば速いものといえば「ロケット」や「ジェット機」になるでしょう。でも、当時の最速の乗り物といえば、当然「馬車」です。先生は、その生徒さんの弾き方には、馬車らしいガチャガチャ感がない、と言いたかったのでした。

この場合の先生の指導は、曲がつくられた当時の速さを想像せよ、というものなので、弾き手自身の実感を大事にせよ、という私の師匠の教えとは一見するとベクトルが逆です。しかしどちらも、記号として残されたものと、生身の体の関係を問題にしている、という点では共通しています。

さまざまな体の運動や感覚を記号として残すこと自体は重要だと思います。記号化されなければ、その運動や感覚は特定の体から切り離しえないものとなり、昔の職人世界のように、技はかぎられた人間関係の中でしか伝承されないものとなるでしょう。それはそれで息苦しいものだと思います。

一方で、運動や感覚を記号化するリスクもあります。生身から切り離されることにより、それが絶対的な規範になってしまうと、人々がその表面的な形ばかり目指すようになる。「体の生さ」が失われてしまいます。

そう考えると、「アンダンテ」は苦し紛れの表現なのかもしれないな、という気もしてきます。生を殺したくないけれど、同時に体の違いを超えて伝承するにはどうしたらいいか。そもそも楽譜というものが、仕方なく書かれた記号たちである、と考えたほうがよいのかもしれません。

絶対的なルールと見えたものも、つくった側にとっては、限界を承知のうえで残したものにすぎないかもしれない。後世の人々を縛るためではなく、そうとしか書きようがなかったのかもしれない。そういう目で見ると、記号として記されたものを「生化」する余地が生まれてくるように思います。

その記号をつくった人の生を想像すること。仰々《ぎょうぎょう》しく書きましたが、それは文学研究がずっとやってきたことそのものですね。

病院のカルテなんかも気になります。いつもお世話になっている近所の開業医の先生は、手書きでカルテを書いています。なんて書いてあるのか読めないのですが、書くのも自分、読むのも自分、でしょうから、多少自分流の表現があったとしてもあまり問題にならなそうです。でも駅前の大きめの病院にかかると、カルテは電子化されています。しかも、大学病院から日替わりで人が派遣されてくるため、曜日によって診てくれる先生が変わります。となると、カルテは「他の人でもわかる」表現になっているはずです。患者の生身の体について、他の人でもわかる表現であらわすのは、かなり難しいだろうなと思います。

医師の新城拓也さんが、川口有美子さんとの対談で、カルテについて語っているのですが、その内容に驚くと同時に、妙に納得もしてしまいました。[※1]

以前、新城さんが先輩医師の留守を守るために、代わりに出勤したときのことです。先輩のカルテは手書きだったので、文字がよく判読できなかったそうなのですが、中には、天気しか書いていないページもあったと言うのです。

天気しか書いていないなんて、記録としての役割を果たすのかなと思うのですが、先輩は患者さんの状態をちゃんとわかっていたし、患者さんもその先生のことをよく覚えていた、と。かつての音楽家が速さを表すのに「アンダンテ」と書いたように、その先生にとっては、患者さんの生身を事細かく記すよりは「曇りのち雨」などと書くほうが、思い出しやすかったのかもしれません。ただ書くのを忘れた可能性もありますが……。

確かに自分にも思い当たる節があります。二〇二〇年、最初の緊急事態宣言が東京に出た頃に、私は自宅の前の公園に生える植物の絵ばかり描いていました。その絵を見かえすと、当時の緊張感や不安な気持ちがかなり細かく蘇ります。客観的にはただの植物画なのですが、私にとっては当時の自分についての正確なカルテになっています。

もっとも、こういう記録は痕跡に近いもので、複数の人でカルテを共有する大病院のような場合には、難しいのかもしれません。記録を残す人が、わかりやすさのために、自分の生さをなるべく消そうとするからです。でも、どうなんでしょう。案外可能な場合もあるように思います。

たとえば、これまた学生時代の話ですが、ある学生の発表に対して、先生が「きみの発表はニユートーキヨーみたいだ」とコメントしました。ニユートーキヨーというのは、東京を中心に全国展開している老舗のビアレストランです。学生の発表は茶道についてだったのですが、先生はそれをビアレストランにたとえたのです。最初は、そこにいたみんながポカンとしていました。

よくよく先生の話を聞いてみると、真意はこうでした。きみの発表はいろいろなメニュー、つまり話題が揃っていて、どれもそれなりに美味しい。でも悪く言えば、可もなく不可もなくという感じなんだ。「この店といえばこれだ」という目玉料理がない。きみにしか書けないオリジナリティを探したまえ。

ニユートーキヨーからすれば、ずいぶん不当な言い分でしょう。なぜならニユートーキヨーはビールが売りなのであって、料理はむしろその引き立て役という位置づけのはずだからです。しかし、確かその先生は下戸《げこ》でした。先生とニユートーキヨーの付き合いは、「新幹線に乗る前のちょっとした時間に食事するところ」だったのです。

とはいえ、少なくともその学生の発表に関して先生が言わんとしたことは、そこにいたみんなが了解したように思えました。自分の発表も「ニユートーキヨー」にならないように気をつけよう……私も肝に銘じたものです。こうして、「ニユートーキヨー」は、その場にいた人たちの辞書に書き込まれました。

もしその授業に学級日誌のようなものがあれば、必ずやその日の記録には「ニユートーキヨー」の文字が刻まれていたはずです。それが、その日に起こった出来事のもっともふさわしい記号だからです。

もっとも、次の年の受講者がそれを見て理解したかはわかりません。でもそんなことを言ったら、こうやって村瀬さんとやりとりさせていただいている手紙も、二百年もすれば、日誌に書かれた「ニユートーキヨー」と同じくらい、わけがわからないものになっている可能性は高いです。記号も腐る。そう高をくくってしまったほうが、生を残せるのかもしれません。

※1　『不安の時代に、ケアを叫ぶ』青土社、二〇二二年

34通目 → 苦し紛れのアンダンテ（伊藤亜紗）

35通目

村瀬からのお手紙
←
2022.03.23

夜汽車の正体

→ 伊藤さんへ

アンダンテのお話を興味深く読みました。言葉にし難いものを言葉にするとき、必ずと言っていいほどジレンマが生じます。言葉にしなければ伝わらない。言葉にすると内実よりも形式が伝わってしまう。記号に込められた「体の生」をどう手渡すことができるのか、どう受け取ることができるか、もどかしいかぎりです。

母は言葉を意のままに使いこなせず、もどかしい思いをしています。脳挫傷《のうざしょう》の後遺症もあり、なかなか言いたい言葉が出てきません。「あの、あ、あ、あれ、ん〜ん」。最後は諦めてうなだれてしまいます。「寒い」や「痛い」は素直に出てくるのですが、衣類や日用品などの名称となるとなかなかです。

先日も「たばになったの」「くるくるまかれたしろいの」と連想ゲームのような問いを投げかけてきました。その場の状況から、手を拭きたいのだなと思いました。チリ紙を二枚ほど取って渡すと「こんなんじゃない」と言います。母は苛立ちながら「もう、ほら、あれ」と口走り、手をくねくねさせます。「トイレットペーパー?」と僕。「そう」と母。「トイレットペーパーじゃないな」と思いました。箱ティッシュごと渡すと「そう、そう、それ」と安堵しました。

肝心な言葉が出てこないもどかしさ。受け取り側も、もどかしいのですが、対応はそう難しくありません。場をともにしていると言葉よりも行為の文脈で「言いたいこと」が想像つきます。母の習性を知っていると、さらに見当がつきます。

まったく見当のつかない言葉もありました。失語症のあるお婆さんです。九十歳を超え、右半身に麻痺がありました。言葉をつかさどる脳の部位に障害があるのです。ですから自分の思う通りに話すことができませんでした。特徴的なのは錯語《さくご》のあったことです。頭は「箸」と言いたいのに口は「靴」と言ってしまいます。

ある日のこと。ベッドに横たわるお婆さんが興奮して僕を呼び止めました。麻痺のない左手を一生懸命に伸ばし「しょうゆとって、しょうゆとって」を連呼します。「醤油?」と聞き返すと「うん、うん」と頷きました。取りに行こうとすると、お婆さんは慌てたように「ああん、ああん」と顔をしかめます。どうやら、醤油ではないみたい。それでも「しょうゆとって、しょうゆとって」を繰り返します。

お婆さんからはとてつもない焦燥感が溢れ出していました。僕はその迫力に急き立てられてしまいます。「え〜っと、何だろう、醤油？　違うか、あ〜、何だろう、醤油じゃないんだよね……」。まるで制限時間が迫りくるクイズ番組の回答者です。

どうしてお婆さんはあんなに焦りまくるのでしょうか。きっと、自分の伝えたいことが、伝わらぬまま、受け取り手が立ち去ってしまうことを恐れていたのです。その苛立つ焦りに絡め捕られないように腰を据えました。「しょうゆとって、しょうゆとって」と叫びながら、お婆さんは左手を振り続けます。僕を呼び止めるためだと思っていたのですが、何かを指さしているように見えてきました。じっと見つめていると毛布カバーの先端にたどり着きました。「ここ？」と聞いてみると、お婆さんは満面の笑みで「しょうゆ、しょうゆ」と頷きます。

毛布カバーの先端。それがお婆さんの言う「しょうゆ」でした。カバーの先は毛布が入りきれず折れ曲がっています。とりあえず、きれいに整えて皺《しわ》を伸ばしてみました。するとお婆さんの苛立ちが消え、瞳《ひとみ》から「ありがとう」が伝わってきます。几帳面な人柄も。

お婆さんの言葉は意味不明の記号でした。もはや記号というより暗号ですね。しかも形式やルールがありません。お婆さんの体は言葉から勝手に意味を奪い、勝手に別の意味を与えてしまいます。ちゃんと読み解くことができればいいのですが迷宮入りしてしまうことがほとんどでした。意味を渡したいのに渡せないお婆さん。受け取りたいのに受け取れない僕。あまりのもどかしさにやるせなくなります。

母の話に戻ります。最近、妙なことを言い始めました。「夜汽車が停まるようになったろうが」。どうやら実家は駅になったようです。僕の妹が「夜汽車に乗って帰って来る」と言うのです。実際にはありもしないことですから、「ああ、そうね」とつれなくしていました。

いったい、何が夜汽車を感じさせているのだろうか。心の中では謎解きに駆り立てられていました。母を寝かせたあとに入浴するのですが、その音だろうか。それともドライヤーかも。もしかして井戸水を汲み上げる「ウイーン」というモーター音だろうか。音を中心に夜汽車の正体を探りましたが、どれもピンときません。

ふいにその謎がとけました。ソファーに座り一緒にテレビを観ていたときです。「ほら、ほら、夜汽車が入ってきた！」と母。どこを見ても夜汽車らしいものは見当たりません。自分の話が嘘でないことを証明できると、母は興奮気味です。「ほら、あれ、あれ、いま、入ってきたろうが」としきりに指差します。「どれ、どれ」と僕。

母の指先は充電器に差されっぱなしの携帯電話に向いています。メールが着信するとふたつあるパイロットランプが点滅します。薄暗さも手伝って、遠くからやって来る電車に見えなくもありません。携帯電話が夜汽車だったのか。「あっ、本当」と呟く僕に「来たろうが」と母は誇らしげです。とりあえず一緒に喜びました。母は共有できた達成感。僕はモヤモヤが晴れた爽快感。それぞれに満足しました。

それから数日が経ち、陽も落ちきらぬ夕方のことです。「ほら、夜汽車が来た」と母。携帯電話を確認しましたが、パイロットランプの点滅はありません。母の指さす方向はもっと遠くです。僕は「これやないと？」と携帯電話を示すのですが「ちがう！」と一蹴します。リビングに面した大きめの窓を指して「ほら、あれよ、あれ、なんで見えんとね」と歯がゆそうです。どこを、どうながめても夜汽車を感じさせるものは見当たりません。思わず「俺には見えんばい」と言いました。すると母は「あなたは見る気がないからよ」と言い返したのです。

的を射抜かれた感じがしました。母の言う通りです。僕には見る気がないのです。というか、夜汽車を待つ動機がないと言ったらいいでしょうか。母は、今か、今かと夜汽車を待っている。待てども、待てども来ないので自ら夜汽車を呼び寄せ始めたのです。少しでも夜汽車に当てはまれば、それはすべて夜汽車なのです。イメージなんかではありません。リビングの窓ガラス。ガラスに反射する電球の光。風に揺れる木の枝。洗濯物を干すスタンド。どれも実在する夜汽車になりうるのでした。

母のまなざしは夜汽車に乗って帰って来る妹へと向けられていました。いっぽう僕の目は「何が夜汽車に見えるのか」に囚われ続けていたのです。「あなたは見る気がないからよ」（私の気持ちなんか見ようとしていない）と言われた気がしました。明確な言葉にすら、声にならない声が仕込まれているのでした。

楞厳経《りょうごんきょう》に「人の指を以って月を指し、以って惑者に示すに、惑者は指を視て、月を視ず」

という曇鸞大師《どんらんだいし》の言葉があります。まさに僕は母の繰り出す言葉に気を取られ、言葉に宿るものに触れようとしていなかったのです。示された月を見ないで指を見る惑者です。

そう思ったとき、もうひとつの謎が解けた気がしました。帰宅すると泥棒に入られた？ と思うほど部屋の中がぐちゃぐちゃになっていることがあるのです。「も～う、どうして⁉」と閉口していました。あれは、親が帰って来ないまま、独りで夜を迎える幼子の不安が大パニックを起こした痕跡ではないだろうか。あるいは、待てども帰らぬ子に不安という名の支配が弾けたのかもしれない。ときには親を待つ幼子となり、ときには我が子を案じすぎて気のふれる親となる。母のぼけが荒ぶったのです。

できるだけ早く帰るようにしました。子ども（親）はちゃんと帰って来るという習慣をつくることにしたのです。その習慣は母の長期記憶になったようでした。荒ぶりが少なくなっています。僕が帰って来るまでソファーに座って待つようになりました。落ち着いた顔で「お帰りなさい」と迎えます（待たれるというのも負担なのですが……（笑））。

僕は歩いて帰って来るそうです。しかも、その様子が見えるというのです。ちなみに僕の住まいから実家まで車で一時間三十分はかかります。母に聞くことにしました。「今日は歩いて帰って来る姿が見えた？」と。「よく見えた」とか、「今日は祭りがあったろう？ 明るすぎて見えんかった」とか、いろいろです。先日は僕の横に人がたくさん連なっていたそうで、「会合でもあったの？」と尋ねられました（ちょっと、気持ち悪いですよね）。

ときには「俺からもあなたが見えるよ。パンツ姿でウロウロしているから走って帰って来た」と言うと「あんな遠くから、そんなバカな」と返してきます。面白いのは、僕がぼけてみせると、母が白けることでした。白けた母は妙に正気となり、僕のぼけを小ばかにします。

妹は夜汽車で、僕は徒歩。この違いは何なのでしょうか。妹は週末に帰って来ます。会わない時間が長い。その時間の長さが空間的な遠さに翻訳されて夜汽車で帰って来るというストーリーが生まれたのかもしれません。対して僕は毎日帰って来ます。会う時間の多さが空間の距離を縮めてしまった感があります。毎日の帰りが遅いので歩いて帰るというストーリーを生み出したのかもしれません。母の言葉は体感をもとに生成されているかのようでした。この解釈も僕が理解しやすいように想像したものです。本当はわからない。

もうひとつ、母と一緒に新たな習慣をつくることにしました。母が寝床に入る前に夜食を用意し、ワインを一緒に飲みます。「乾杯」と「お疲れ様」を必ず言うようにしています。母は十七時に夕食をすましているので、僕が帰りつく頃は小腹が空いています。空腹のまま眠ると夜中に目を覚まし、ウロウロします。そうなると僕は睡眠不足になってしまう。就寝前のワインは睡眠導入に大活躍してくれます。「乾杯」することで今日という日を分かち合い、「お疲れ様」とねぎらい合う。トイレで用を足し、スッキリご機嫌で布団に入ります。

僕の発する「乾杯」と「お疲れ様」には「起きてこないで」という毒が盛られているのです。

実は感謝もねぎらいも込められてはいない。母は僕の小賢《こざか》しい目論見を知りません。けれど、これを繰り返すうちに盛られた毒は分解されていくと思います。解毒された言葉は本来の意味を取り戻します。そして自らの力をいかんなく発揮し始めると思うのです。

「乾杯」と「お疲れ様」は僕が母に捧げるものではなく、母から僕へと与えられるものでもない。言葉からふたりの体に贈られるものだと思うのです。大地から育まれる果実のように。やがて母と僕はそれを受け取る日が来ます。

36通目

伊藤からのお手紙
←
2022.04.08

カワウソからの手紙

→ 村瀬さんへ

ついに最後のお手紙になりました。窓の外では公園の桜が満開です。

ああこれで、いったん「村瀬」と打ってから「瀬」を消して「瀬」にする、という手続きともお別れかと思うと淋しいです。もちろん、この往復書簡が終わってからも、引き続きお付き合いをさせていただけたらと願っておりますが、私にとっては、この「村瀬」という漢字を表示させるためのひと手間は、何だかちょっとダンスみたいな楽しい動きであり続けていました。

一瞬、カワウソがあらわれるんですよね。単に「瀬」と「獺」が似ているだけなのですが、たくさんの漢字の候補の中にこの字を探すとき、つい「カワウソ見つけた」と思ってしまう。嘘のカワウソです。私にとって、カワウソのダンスは、もはや村瀬さんのお名前の一部になっています。

携帯電話のパイロットランプも、ガラスに反射する電球の光も、洗濯物を干すスタンドも、みな夜汽車になってしまえる。それはひとえに、お母さまのぼけと、子を思って待つ思いの為せるわざです。

でも、手紙というものにも、どこか人をぼけさせる力があるのではないかと考えるようになりました。手紙にも、相手を思って待つ時間があります。もし村瀬さんと対面で会っていたら、そこにはカワウソが入り込む余地はなかったと思うのです。

現代の私たちが手にしているメディアの中では、手紙は、もっとも遅いメディアのひとつです。メールやSNSなら長くて数日、短ければ数秒のインターバルしかありませんが、手紙となると数週間や数カ月、年賀状なら一年越しのやりとりになります。この往復書簡は半月でお返事が来ますから、通常の手紙からすると、かなり早いほうかもしれません。それでも、日常的に使っているメールやSNSよりはずいぶん遅く、もちろん電話や対面のようなリアルタイム性はありません。

でも遅いからこそ、そこに「間のび」が生じ、ぼけが、カワウソが忍び込みます。相手の返事をあれこれ想像したり、自分の返事をあれこれ推敲したり。想像しているだけで結局返事はこないかもしれないし、推敲しているうちに結局出しそびれるかもしれません。でも、まあそれでもいい。手紙ってそんなメディアです。

実は最近、嘘のような本当の体験をしました。ずいぶんカワウソが忍び込んだ手紙を受け取ったんです。というか、カワウソ本人からの手紙かもしれません。大学の私専用のポストに入っていました。

封筒いっぱいに筆ペンで書かれた迫力満点の宛先とは対照的に、裏面には赤い紙を切って手づくりしたハートのシールが貼ってあります。差出人は女性らしき名前と四国の住所。身に覚えはありません。丁寧にハサミで封を切って中を覗くと、便箋二枚にわたってつづられた手紙、写真が三枚、カードが一枚入っていました。

まず手紙をあけました。冒頭、時候の挨拶もなく、「伊藤亜砂先生」と書いてあります。そう、「亜紗」ではなく「亜砂」と書いてあったんです。とはいえ、名前の字の間違いはよくあること。あまり気にせず先に進みました。

ところが二行目にはこう書いてあったんです。「先生は（紗）ですよねえ、ごめんなさい」。なんと、この方は確信犯だったのです。なぜか意図的に私の名前を違う字で書いていらっしゃる。たった二行でわけがわからなくなりました。

読み進めると、差出人は自身を「松山のばあば」と呼び、この地で三十八年間小学校の先生をなさっていた方であることがわかりました。文面はいたって礼儀正しく、乱れたところはありません。少し安心して先を読み進めました。

きっかけは、昨年の夏、私が東京パラリンピックのコメンテーターとしてテレビに出演したことでした。パラリンピックの中継の合間に、競技場の横のＮＨＫ特設スタジオで試合の様子についてコメントする役です。テレビの画面に映る私を見て、ばあばの中で、ある少女の声が聞こえてきたようなのです。昔、担任をしていた小学校一年生のクラスにいた「伊藤亜砂」ちゃん。亜砂ちゃんは、言葉遣いがとても丁寧な、「おばあちゃん」のことを「おばあちゃま」と呼ぶような女の子だったそうです。

慌てて封筒に入っていた写真を見ました。一枚はテレビに映る私。もう一枚は、松山城のマスコットと並んで写真をとる女性。ただし、ばあばというには若すぎるし、一年生の亜砂ちゃんにしては歳をとりすぎています。最後の一枚は、城の城壁のアップ。これが一番謎めいています。もしかしたら、ばあば先生と亜砂ちゃんだけがわかる、合言葉のような思い出なのかもしれません。

ばあばは、私の本も買って読んでくれていました。笑顔がいい、優しさを感じる、と応援の言葉も書かれています。

繰り返しますが、ばあばは確信犯です。もっとも、亜砂ちゃんが研究者になってテレビに出ている可能性もゼロではない、とは思っているようです。それでも、私が「亜砂ちゃん」である可能性よりも、人違いである可能性のほうが高い、と思っていることは確かでした。

その証拠に、カードや手紙の文面のあちこち、合計五回にわたって、人違いだったらごめんなさい、と丁寧に書いてくださっているのです。「人違いの時はお手数ですが破ってすててください。」「違っていたら　広いお心で許してくださるだろうと勝手に思って　出すことにしました。」手紙の末尾はこう結ばれています。「大切なお名前なのに　失礼しました。ばあばなので　思い込みがひどくて。」

いやあ、こんなことが現実に起こるんだな、と思いました。たまたま、自分以外の人に宛てた手紙が自分のところに届く。これはありえることです。我が家も隣の家と番地まで住所を共有しているので、ときどき隣の家の郵便物が我が家のポストに投げ込まれていることがあります。

あるいは、道に落ちていた手紙をたまたま拾って中身まで読んでしまう。これもありえることです。手紙ではありませんが、ソフィ・カルというアーティストは拾った手帳をモチーフに作品をつくっています。

でも、今回は違うのです。ばあばの亜砂ちゃんへの思いが、亜紗ちゃんを亜砂ちゃんとして見ているのです。亜紗ちゃんに手紙を出せば、亜砂ちゃんから返事が返ってくるかもしれない。ばあばはそう願っています。つまり、私は今、夜汽車になった携帯電話のパイロットランプの位置にいます。「しょうゆ」と言われた毛布カバーの端っこです。

私はばあばの思いの宛先であり、同時に宛先ではありません。宛先でなくてもいいから受け取ってほしい。手紙はそう言っているようにも思えるのです。利他の研究をする中で、受け取ることが利他を発動させるのだ、という議論をさんざんしてきました。でも間違った宛先として故意に指名された人は、どうやったらそれを受け取れるのでしょうか。ばあばが素敵だと言っている笑顔は、いったい誰の笑顔なんでしょう。わけがわかりません。

テレビというものにも不思議な力があるのでしょうか。私の百歳間近の祖母は、ばあばよりずっと年上ですが、テレビのこちらの世界と向こうの世界がつながっていると感じるようでした。先日一緒に相撲を見ていたとき、「大阪場所だから大阪でやってるんだね」と言ったら「大阪まで行くなんて骨なことだねえ」と言っていました。あるいは私と同じ年代の知人も、生放送の「笑っていいとも！」を見るときには、自分の体がスタジオアルタの方角に向いていないと居心地が悪かった、と言っていました。

どうしたものか困っていることは確かですが、嫌な気分ではありません。どちらかというと、嬉しいのです。それも、かなり。ばあばにお返事が書きたいです。ばあばの思いを受け取るための手紙です。でも書き方がわからない。亜紗ちゃんとして書いたら間違いを指摘することになってしまうし、亜砂ちゃんになりきって書いたらばあばの思いに嘘をつくことになってしまうし……。いつか受け取れるときが来るかもしれないと思って、手紙をずっとかばんに忍ばせています。

私たちが、当たり前のように人やものや現象だと思っているものは、手品のようにあっさりと、まったく別の人やものや現象になってしまえるのですね。ある人にとってAであるものが、別の人の力を借りるとBになってしまう。

そして大事なのは、そのAとBのあいだにこそ、思いが溜まるということですね。普通は、AとBが一致することを「わかり合う」と言ったりしますが、むしろズレているときにこそ、ああでもないこうでもないと土をこねるようなその人との対話が生まれます。わからなさの果てに、いらいらしたり、やきもきしたり、にやにやしたり。謎をとくと眺めてみたり、生活の脇に置いてみたり、置いたまま忘れかけたり。

でも、そんな目で道を歩くと、景色がちょっと違って見えたりします。ふと階段に置かれた石が、誰かからの手紙であるような気がします。揺れる葉っぱを通じて、誰かが語りかけているような気がします。村瀬さんとのやりとりを通じて、そんな可能性にずいぶん敏感になれました。これが、〈ぼけ〉と〈利他〉の接点だと感じています。

本当に、一年半にわたって濃密な時間をありがとうございました。お年寄りにとっては生活そのものであるよりあいの時間と、手紙とはいえ原稿を書く時間。そして実家でのお母さまとの時間。それらはきっとだいぶ違うものですよね。三つを切り離さず、往復してくださったことに、心より感謝いたします。

そして、伝書鳩のように二人をつないでくれた、ミシマ社の星野さんの存在も不可欠でした。またお会いできる日を心待ちにしています。どうか、それまでご自愛ください。

おわりに

伊藤亜紗さま

お元気ですか。

最後のお手紙にあった不思議な送り主さんに、お返事を書きましたか？　その後が気になっています。

お手紙をやりとりした一年と半年。あっという間でした。とても短く感じられたのですが、僕の組成を変えてしまったような、ずっしりとした感触があります。

伊藤さんのお手紙を読むと体に潜んでいた「何か」がムニョムニョと動き出します。時にはドキドキだったり、ジワジワだったり、ズンズンだったりしました。体の中で、もごもごするモノの正体を見極めるために、お手紙を繰り返し読みました。

読み重ねながら、つらつらと文字に変換します。不思議なもので、さあ、書くぞと構えると行き詰まります。「これを書いてやろう」と張り切ると、どや顔になった自分が現れて白けてしまったりもしました。

そんなときは考えることをいったん手放すように努めました。そして、自分に問いかけます。「お前は、伊藤さんから何を感じたんだ?」と。感じていることを感じ直しました。お手紙を読むというよりは、ヤギのように食べて味わっていたのかもしれません。

体の隅々を感じ取るように意識を持っていくことを心がけます。ある日、言葉が湧いてきます。それは、朝によく起きました。目覚める直前です。眠りから脳が這い出してくる道中で「書いてみようかな」と思えるものが立ち上がってきます。布団から抜け出てメモ書きすることが習慣になりました。

シャワーを浴びたりしても言葉が湧いてきましたが、書き始めるとしっくりこなくてボツになる確率が高かったように思います。面白いことに、次の手紙に生きてくることもありました。今すぐ役に立たない言葉に見えても、遠回りして手紙に着地します。

頭にある言葉を文字に変換していると、書いた文字に導かれて次の文字が現れます。僕ひとりでは考えもしなかったはずの言葉たちが、伊藤さんの投げかけによって引っ張り出される感じでした。

往復書簡は伊藤さんの言葉と文章を全身で受け止めることだったように思います。感じたことを思い、思ったことを考える時間になりました。その作業はとても楽しいものでした。

伊藤さんとのお手紙による交感が僕の生活と人生をじわじわと変えていくと予感しています。編集者の星野友里さん。あなたが付ける手紙のタイトルがとても楽しみでした。それが書籍になっても生きています。

ありがとうございました。

二〇二二年七月二十日
村瀬孝生

初出
本書は、「みんなのミシマガジン」(mishimaga.com)に連載された「ぼけと利他 村瀬孝生と伊藤亜紗の往復書簡」(二〇二〇年九月〜二〇二一年四月)に加筆・修正のうえ、再構成したものです。

伊藤亜紗(いとう・あさ)

東京工業大学科学技術創成研究院未来の人類研究センター長、リベラルアーツ研究教育院教授。マサチューセッツ工科大学(MIT)客員研究員。専門は美学、現代アート。東京大学大学院人文社会系研究科美学芸術学専門分野博士課程修了(文学博士)。主な著作に『ヴァレリー 芸術と身体の哲学』『目の見えない人は世界をどう見ているのか』『どもる体』『記憶する体』『手の倫理』など多数。

村瀬孝生(むらせ・たかお)

1964年、福岡県飯塚市出身。東北福祉大学を卒業後、特別養護老人ホームに生活指導員として勤務。1996年から「第2宅老所よりあい」所長を務める。現在、「宅老所よりあい」代表。著書に『ぼけてもいいよ』『看取りケアの作法』『おばあちゃんが、ぼけた。』『シンクロと自由』など多数。

ぼけと利他

二〇二二年九月十五日　初版第一刷発行

著　者　伊藤亜紗・村瀬孝生

発行者　三島邦弘

発行所　(株)ミシマ社
〒一五二-〇〇三五
東京都目黒区自由が丘二-六-一三
電　話　〇三(三七二四)五六一六
FAX　〇三(三七二四)五六一八
e-mail　hatena@mishimasha.com
URL　http://www.mishimasha.com/
振　替　〇〇一六〇-一-三七二九七六

デザイン　漆原悠一(tento)
装画・挿画・題字　おおはしたくま
印刷・製本　(株)シナノ
組　版　(有)エヴリ・シンク

ISBN 978-4-909394-75-0